Wolfgang Kirchbach

**Gordon Pascha**

Ein Zeitdrama in fünf Aufzügen

Wolfgang Kirchbach

**Gordon Pascha**
*Ein Zeitdrama in fünf Aufzügen*

ISBN/EAN: 9783743353046

Hergestellt in Europa, USA, Kanada, Australien, Japan

Cover: Foto ©Paul-Georg Meister /pixelio.de

Manufactured and distributed by brebook publishing software (www.brebook.com)

Wolfgang Kirchbach

**Gordon Pascha**

# Gordon Pascha.

## Ein Zeitdrama
### in
### fünf Aufzügen

## Wolfgang Kirchbach.

Dresden, Leipzig u. Wien.
E Pierson's Verlag.
1895.

## Vorwort.

Sie sind Alle todt, die kühnen und oft genannten Männer, welche in diesem Drama, das Europa vor zehn Jahren miterlebte, als vorwiegend handelnde Personen auftreten. George Gordon, Mohammed Ahmed, der Mahdi, Power, Stewart, Konsul Hansal und Leonbidi, Faragh Pascha weilen schon seit geraumen Jahren nicht mehr unter den Lebenden. Emin Pascha ist ihnen vor einem Jahre gefolgt; es ist nun wohl die Zeit, daß die große Tragödie, welche sich damals auf dem Boden Afrikas abgespielt hat, so schlicht und so wahrheitsgetreu wie sie sich ungefähr wirklich ereignet hat, auch vom Dichter erzählt werde.

Englische Leser, die ihren Nationalhelden Gordon Pascha genau kennen, werden im Folgenden sehen, daß der Dramatiker den seltenen Mann zumeist mit seinen eigenen Worten reden läßt. Die Wahrheit und Wirklichkeit der Ereignisse durfte um so weniger verändert werden, als eben diese Wirklichkeit im vorliegenden Falle das beste ethische und sittliche Motiv der ganzen Dichtung abgiebt. Ich habe Gordon und den Mahdi nur gemalt mit den Farben, welche uns der Bericht eines tapferen Missionars, der mit dem Mahdi während seiner Gefangenschaft verkehrt hat, überliefert und wie sie in Gordons Tagebüchern, in den Actenstücken und Briefen aus dem untergegangenen Khartum und aus London vorliegen. Für ein englisches Publikum ist nur das allgemein Bekannte in den Rahmen der Dichtung gespannt; die deutschen Leser und Zuschauer aber werden wohl oder übel das Gegebene mit gutem Vertrauen aufzunehmen haben. —

Das Unternehmen den Zeitgenossen ein Drama, das sie selbst mit erlebt haben, im Spiegel der Dichtung vorzu=

führen, ist nicht neu. Was vor mehr als zweitausend Jahren dem Aeschylus mit seinen „Persern" erlaubt war, ohne daß ein hypochondrischer ästhetischer Codex es ihm verwehrte, das wird ja wohl auch dem „modernen" Dichter, der zufällig ums Jahr 1894 schreibt, nicht bestritten werden. Shakespeares „Heinrich VIII." und manches andre Drama waren zu verschiedenen Zeiten der Spiegel und die Verherrlichung gerade dessen, was man in Wirklichkeit mit erlebte, denn eben die sittliche Ueberzeugung, daß man so etwas in nächster Nähe sah, wird gelegentlich immer wieder menschlichen Trost, menschliche Hoffnung beleben und Beweggrund einer poetischen Auffassung des Lebens sein.

Hier zumal handelte es sich darum, daß ein Zeitgenosse nach seinen schwachen Kräften Einem, den er selbst miterlebte, das Denkmal der Liebe und der Trauer errichtet. „Heroworship", Heldenverehrung nennt es der Engländer. Sie wäre Nichts, diese Heldenverehrung, die uns so Noth thut, wenn sie eine falsche Idealität in die Erscheinung trüge. Dieser Gordon aber war genau so, wie er hier gemalt wird. Der Verfasser wollte ein Drama schaffen, das ein Porträt wäre wie Lenbach Bildnisse malt.

Da Gordon indessen nicht deutsch, sondern englisch und arabisch gesprochen hat, so werden selbst die fanatischen Prosaverkünder zugeben müssen, daß eine Kunstform gewählt werden mußte, die nicht an jene banale Wirklichkeit erinnert, welche jene philologischen Nebengedanken erweckt. Der Vers ist diese Form, welche die Sprachen der Nationen in eine allgemeine Sprache übersetzt. Wir bedienen uns denn eines zwanglosen Blankverses, der sich oft der Tagessprache nähert und sich durch seine bald freiere, bald strengere Behandlung den verschiedenen Situationen und Stimmungen anschmiegt. —

Dresden, 1894.

W. K.

# Personen.

Charles George Gordon, Generalgouverneur im Sudan.
Mohammed Ahmed, genannt der Mahdi.
Chalifa Abdullahi, sein erster Chalif.
Oberst Stewart, Gordon's Genosse.
Faragh Pascha, Befehlshaber unter Gordon.
Power, Berichterstatter der „Times" in Khartum.
Hagi Halet, ein Emir des Mahdis.
Said Pascha, } egyptische Generale in Khartum.
Hassan Pascha, }
Uad Gesuli, Vicemudir von Khartum.
Hansal, österreichischer Konsul. }
Nicola Leondidi, griechischer Konsul } in Khartum.
Klein, ein deutscher Schneider }
Iphigenie, eine Griechin.
Uhrfelder, apostolischer Missionar in der Gefangenschaft des Mahdis.
Elisabeth, } Missionsschwestern.
Katharina, }
Mustafa, ein Neger.
Ein Sclavenhändler.
Eine Sclavin.
Ein Sclave.
Osman Digna.
Ein Bettler.
Ein arabischer Sänger.

Eine griechische Frau, eine Schwarze; zwei Derwische; Emire und Scheiks des Mahdis, Araber, Foggara, Neger und Negerfrauen; Griechen und Griechinnen, Kopten und Armenier, egyptische Soldaten in Khartum, sowie andere Bewohner Khartums.

Der erste Act spielt in El-Obeid; die vier anderen Aufzüge in Khartum.

Zeit: 1884/1885.

# Erster Aufzug.

Ein Platz in El-Obeid; Palmen, im Hintergrunde Häuser und Mauern.

## Erster Auftritt.

**Chalifa Abdullahi, Osman Digna** und andere Araber stehen auf dem Platze, wo verschiedene Händler auf Strohmatten und Teppichen ihre Waaren feilhalten. Rechts kauert eine Gruppe von Arabern. Zwei **Sänger** singen und schlagen mit einem Stäbchen den Tact. — Der **Bettler**.

Der Sänger (Takt schlagend).

Der Mahdi, das Licht meines Auges,
Er hat die Türken vernichtet,
Der Iman, Gottes Gesandter,
Hat ein neues Reich errichtet —
Mahdi nur aineia!

Die Araber (wiederholen den Refrain, springen wild auf und schwingen ihre Flinten und Lanzen).

Fi schan Allah! In den Staub die Türken!
Engländer nieder! Schlagt die Weißen todt!

Abdullahi (packt den nahenden Bettler, wirft ihn fort).

Fort, fauler Bettelstrick! Häng Dich am Palmbaum,
Und störe unsre heil'gen Lieder nicht!

### Der Bettler.

Hört mein Gedicht! Hört die Geziba an,
Die ich vom großen Mahdi singen will!

### Osman.

Er singt vom Mahdi! Tritt heran, das ändert!

### Der Bettler (spricht).

Nachfolger des Propheten ist
Der Mahdi, unser Herr,
Die weite Welt sein Reich umschließt,
Es ist der Blitz sein Speer,
Die Sonne ist sein goldner Schild,
Sein Bart der Wetterwolke Bild —
Chalifat-er-rasul!

### Osman (wirft ihm Geld zu).

„Sein Bart der Wetterwolke Bild!" Heil Dir!
Ein schöner Vers! Ein Bild wie vom Hafis!
Nimm das für Deinen Vers und jede Münze
Soll klingen wie ein blinkend Dichterwort!

### Die Araber (werfen ihm auch Geld zu).

„Die Sonne ist sein goldner Schild!" — Erhaben!
(Sie schwingen von Neuem die Waffen.)

### Abdullahi (vorn).

So Recht! Und wenn sie rasen bis zum Wahnsinn,
So muß dem unbesiegten Heere noch
Die ganze Welt sich heulend unterwerfen!
Die Sclavin selbst singt des Propheten Preis —
Und quackt sie auch, so ist es doch Begeistrung!

### Alte Sclavin (steht links, reibt Korn auf einem Reibstein).

Der Mahdi, das Licht meines Auges,
Er hat die Türken vernichtet,

Der Iman, Gottes Gesandter,
Hat ein neues Reich errichtet —
Mahdi nur aineia!

## Zweiter Auftritt.

Während die Sclavin singt, hört man hinter der Scene Musik.
Dann tritt ein Trupp von Arabern auf mit Fahnen und Fuß=
trommeln; sie treiben einen Zug von Sclaven und Sclavinnen
vor sich her, welche mit Lederstricken um den Hals aneinander ge=
fesselt sind. Sie werden mit Nilpferdpeitschen geschlagen.

### Abdullahi.

Sieh da! Man bringt uns neue Waare mit!
Und da ist frisches Futter für den Harem!
Zeigt her, was ihr zu handeln habt, Foggara!

(Die Sklaven werden in Gruppen aufgestellt.)

### Der Sclavenhändler (ausrufend).

Heran, ihr Söhne des Propheten, kauft!
Ich bringe frische Waare aus dem Süden,
Jungsclaven aus dem Land Darfur, das Stück
Zu dreißig bis zu sechszig blanken Thalern.
Jungfrauen aus Faschoda, frisch gejagt
Und jenem Emin Pascha abgenommen,
Der uns mit Gift die Quellen trübt des Nils!
Wer kauft? Ich habe Männer aus Uganda,
Ja, aus den Tiefen Afrikas, wo Zwerge
In Wäldern wohnen und der Räuber Stanley,
Der weiße Spürer, uns die Jagd verdarb!
Jetzt aber blüht der Handel wieder auf,
Da uns der heil'ge Mahdi Luft geschafft,
Jetzt wird die beste Waare wieder billig
Und Fraun und Jungfraun sinken stets im Preise!
Das seltenste und rarste Fleisch um Spottgeld —!

**Abdullahi** (zu einer Sclavin, während die andern drüben besichtigen).

Ein schönes Weib! Zeig Deine Zähne, Mädchen!

**Sclavenhändler** (hebt ihr die Lippe auf).

Ha, Herr! Das ist ein Stück! Seht diese Arme!
Gebaut wie ein Gazellchen! Seht sie an! (er befreit ihren Hals.)

**Sclavin** (erschaudert, sinkt nieder).

Herr, edler Herr! Was soll mit mir geschehn!
Sie haben mich dem Bräutigam entrissen —
Ach, tödtet mich — dies Elend ist entsetzlich —!

**Abdullahi.**

Ei, große Ehre soll Dir widerfahren.
Ich will Dich kaufen für des Mahdis Harem,
Und biete sechzig Thaler an für Dich —
Mehr kannst Du nicht verlangen, junges Kind!

**Sclavenhändler.**

Für sechszig? Ganz unmöglich! — Meistgebot —!
Das schönste Mädchen aus Uganda — kauft —!

**Osman.**

Ich biete siebzig — zum Geschenk dem Mahdi —!

**Abdullahi.**

Dann biet ich hundert! — Und so ist sie mein!
Nehmt sie, schafft sie zum Harem! Zeigt sie ihm!
Sie wird ihm schöne Stunden schaffen. Fort!
(Die Sclavin, welche die Hände ringt, wird von mehreren Arabern weggerissen und unter lautem Jammer fortgeschleppt.)

**Osman** (zum Händler).

Was kostet dieser Mann?! Macht Euren Preis!

**Sclave** (springt vor, reißt an seinem Lederriemen).

Ich bin kein Vieh! Ich bin ein freier Mann!
Erbarmen, Iman! Seht mich Aermsten an!
Der Vater ward geraubt, ist in Brasilien,
Die Mutter hat ein Türke aufgekauft,
Als Kind verwaist ich, weine Thränen Heimwehs
Nach meinem Land Darfur noch jeden Tag.
Dann aber kam der edle Gordon Pascha,
Der mich von solcher Sclavenschaft befreite,
Daß ich ein freier Mann wie ihr geworden,
Und nicht mehr glaubte, daß ich nur ein Hund,
Ein armer Kettenhund geboren sei —!
Ich will nicht pfundweis hier verschachert sein!

(er reißt von Neuem an seinem Strick.)

**Sclavenhändler** (zieht ein langes Messer).

Hollah! Ich werde Dich mit Messern schneiden
Und Dir mit Salz die frische Wunde reiben,
Wenn Du noch einen Laut vernehmen lässest
Vor seiner Herrlichkeit hier, dem Chalifen!

(er peitscht ihn. Der Sclave blickt entsetzt um sich und wirft sich mit einem dumpfen Laute nieder.)

**Abdullahi.**

Ich trete gern euch diesen Burschen ab,
Mein Osman Digna, da ihr ihn begehrt.
Gott schuf die Sclaven zur Bequemlichkeit
Der Muselmänner. Kauft ihn, aber laßt
Ihn weidlich hungern, daß er nicht zu frech wird.

**Osman** (giebt dem Sclaven einen Fußtritt).

Er that nicht Recht, Dein edler Gordon Pascha
Mit seinem Märchen von der Sclavenfreiheit,
Daß er Dich frei gemacht, denn ungesund
Ist das für solche Leute, wie Du bist!
Und wenn er solche Sclavenjagd verbot,

So hat der Mahdi wieder sie geboten
Als ein Gesandter Allahs auf der Erde.
Zeigt mir den Schein mit dieses Manns Beschreibung,
Die Herkunft, Rasse, Alter und Betragen —

    Sclavenhändler (überreicht einen Schein).

Hier ist der Schein, gesetzlich ausgefertigt —!

    Sclave (wieder aufspringend).

Erbarmen, Herr, Erbarmen! Gebt mich frei!
Ich kann nicht stumpf wie diese Andern sitzen,
Die ihren Jammer schweigend in sich wühlen
Und nur noch wie die armen Thiere sind,
Die man in's Joch spannt! Seht mein Elend an!
(Er schlägt die Hände vor die Augen und beginnt bitterlich zu weinen.)

    Osman (giebt den Schein zurück).

Das sind die Früchte dieser faulen Saat
Der Christen, die sich hier zu uns verlaufen
Und dummen Negern solche Traumgespinste
In ihre engen Schädel eingeimpft.
Das danken wir dem weißen Pascha Gordon!
Hör auf, sonst trennt man Dir den Kopf ab, Mann!
(Es entsteht ein Tumult, der näher kommt. Alles läuft zusammen.)

    Abdullahi.

Was giebt es! Warum rennt man so zusammen?!

    Sclavenhändler.

Herr, weiße Sclaven werden zugebracht,
Die man im Nubalande aufgefangen,
Ein Missionar und weiße Glaubensschwestern,
Die dort das Christenthum gelehrt die Schwarzen.
Jetzt aber hat man sie sich aufgefischt,
Sie trabten neben den Kameelen mit
Und weidlich hat man dieses Pack geschunden!

### Abdullahi.

Ein groß Ereigniß! Wichtig für den Mahdi!
Führt die Gefangenen vor meine Augen!
Ich will sie sprechen. Meldet's dem Propheten!
(Ein Bote geht.)

### Dritter Auftritt.

**Uhrfelder,** nur in Hosen und Hemd, abgerissen und elend, tritt auf, mit ihm **Elisabeth** und **Katharina.** Auch die Frauen sind nur nothdürftig bekleidet und aneinander gebunden. Sie treten auf, umgeben von Negern und Arabern, welche sie verhöhnen.

### Die Araber (durcheinander tumultuarisch).

Schlagt diesen Christenhund mit Knütteln todt —
Den Weibern schneidet ihre Nasen ab!
Wir haben Euch — Ungläubige — man hat Euch!

### Uhrfelder.

Herr, schütze uns vor dieser wilden Meute —
Schütz diese armen, unschuldsvollen Frauen!
Wir haben schon Unsägliches erduldet
Und müssen Dir, dem mächtigen Chalifen
In diesen abgerissnen Kleidern nahen,
Weil man uns Alles dessen hat beraubt!

### Abdullahi.

Wer seid Ihr? Sprecht. Was schleppt man Euch hieher?

### Uhrfelder.

Uhrfelder ist mein Name. In Tirol,
Im fernen Deutschland grüßte ich die Sonne,
Wo gletscherweiß die Alpenfirnen ragen.
Wir lebten glücklich im Nubanerlande

Im Kreise arbeitsamer Christenneger,
Die wir der bessern Menschlichheit gewonnen.
Zerstörend aber kamen Sclavenjäger
Und Männer, die die neue Kunde brachten
Von einem Mahdi, einem Volkspropheten,
Der als ein andrer Mohammed erscheint —
Verbrannt ist unser Dorf, das Volk erschlagen,
In Sclaverei entführt, wir aber mußten
Uns lange wund im Wüstensande schleppen —
Nun sind wir da und wollen es nicht glauben,
Daß ein Prophet so Schreckenvolles billigt!

### Abdullahi.

Friede sei mit Euch!
Ihr kommt zur rechten Zeit, um Euch zu retten,
Denn wollt Ihr fromme Muselmänner werden,
So schenk ich Euch die Freiheit augenblicklich.

### Uhrfelder.

Herr, das ist ganz unmöglich. Ich bin Priester
Und Missionar. Mein Glaube ist mein Leben.

### Abdullahi.

Nun, schöne Jungfraun, Ihr denkt nicht so schwach.
Seid klug und schwört zum Glauben an den Mahdi,
Wir haben Nonnen, die das auch gethan.
Schwört ab, dann steckt Euch Niemand in den Harem!

### Elisabeth.

Niemals!

### Katharina.

Ich stürbe eher. Gott beschützt uns.

### Abdullahi.

Ja, wenns nur wirklich Euer Glauben wäre!
Doch kennt man Euch! Das ist der Name nur,

Mit dem Ihr als Spione kommt Europas,
Um unser Land und Elfenbein zu rauben.
Doch noch gehört den Schwarzen Afrika,
Und Allah hat gesandt uns den Propheten,
Der alle Weißen tödtet sammt den Türken
Und unser Eigenthum zurückerobert!
Schwört ab, beweist, daß Ihr nicht seid Verräter,
Wie Stanley, Livingstone, wie Emin Pascha —

Uhrfelder.

Ehrwürdiger Chalif — es ist unmöglich!

Abdullahi (stampft mit dem Fuß).

Nimm Deinen Kopf in Acht! Er fliegt Dir ab,
Noch heute Abend, eh die Sonne sinkt
Und diese Frauen schenk ich den Soldaten
Zur allgemeinen Beute! Schwört zum Mahdi —
Er wird es als ein großes Heil begrüßen!

Uhrfelder.

Europa wird uns rächen! Gott vergelten!

Abdullahi.

Vergelten? Rächen? Was ist uns Europa!
Soeben hat der Mahdi noch vernichtet
Die Englischen, Hicks Pascha ist nicht mehr —
Wir haben sie in offner Schlacht geschlagen,
Der Kopf des Riesen Seckendorff ist unser,
Und Euren Hicks zerhauten wir in Stücke.

Elisabeth.

Entsetzlich!

Katharina.

Alle Hoffnung ist verloren.

**Abdullahi** (winkt und läßt sich von einem Fruchthändler eine Melone reichen, bricht sie auf und bietet sie Uhrfelder und den Frauen an).

Ihr seid verdurstet! Ihr habt viel gelitten!
Der Islam tränket auch die Dürstenden.
Trinkt den Melonensaft, erquicket Euch —
Und nehmt den Glauben an den Mahdi an!

**Uhrfelder.**

Wir trinken nicht. Ich will verschmachten eher —

**Abdullahi** (bietet Elisabeth an).

Doch Du, trink, Weib —

**Elisabeth** (stößt die Melone zurück).

Mich tränkt mein wahrer Glaube!
Ich will nicht Deinen Trank um meinen Glauben.

**Abdullahi** (schleudert wüthend die Melone zur Erde).

Hartköpfe! Das bedeutet Euren Tod!
Und morgen früh wird man Euch stückweis morden!

(Man hört den Klang der Ombeia, indem ein Bläser auftritt und in einen Elefantenzahn einen langen tiefen Ton stößt. Alle machen Platz.)

**Osman.**

Da naht der Mahdi selbst! Seht den Propheten,
Der einen neuen Glauben in die Welt bringt.
Noch habt ihr Frist! Noch könnt Ihr Euch besinnen!


## Vierter Auftritt.

Ein Zug von Foggara mit bunten Fahnen, welche brummend das „La illah" singen; dann ein Trupp Gefangener in zerrissenen englischen und egyptischen Uniformen; hierauf wieder ein Trupp Foggara mit erbeuteten Flinten, Uhren, Büchern, ausgezogenen Uniformen der Engländer und anderen Beutestücken von der Armee

des Hics Pascha. Zuletzt **Mohammed Ahmed**, der **Mahdi**.
Er trägt eine Dalmatica mit Brocatstreifen, auf dem Haupte eine
weiße Calotte mit breitem, weißem Turban, weiße Pluderhosen und
Sandalen. Wenn er auftritt, sinken alle Anwesenden, mit Aus=
nahme von Uhrfelder und den Schwestern, auf die Knice. **Hagi
Halet.**

Osman (knieend).

Ich trage Schuhe nicht und wandle baarfuß,
Da diese Erde heilig ward durch Dich,
Wo sie Dein Fuß betritt. Ich preise Allah,
Der diesen Pascha Hicks zu Deinen Füßen
In Staub geschleudert, heil'ger Mahdi Gottes!
Denn vierzigtausend Engel aus der Genna
Sah man für Dich auf einem Berge streiten.

Mahdi (auf die Bücher zeigend).

Verbrennt die Bücher der Gelehrten, brennt!
Die Bücher, die wir bei den Feinden fanden.
Ich bin das Licht und alle Wissenschaft.

Der Sänger (in Verzückung aufstehend und wieder niederfallend).

Herr, Herr — ich seh Dein heilig Haupt umgeben
Von Strahlen, die da leuchten! Seht doch, seht!

Mahdi.

Wo? hier? — Es kommt wol vor, daß Allah mich
Begnadigt, daß ich leuchte wie in Strahlen —
Oft bin ich in den Himmel auch entführt!
Verbrennt die Bücher! Denn ich will die Erde
Zerstören und die andre Welt bebauen.
(Bemerkt die Weißen.)
Das fromme Volk kniet rings und betet an —
Nur Diese stehn! — Wie? Glauben sie noch nicht?

Abdullahi (packt Uhrfelder).

Hund! Frevler! In den Staub! Der Mahdi spricht! —

#### Uhrfelder.

Ich kniee! Aber wenn ich kniee, seht,
So ist's vor dem Brokate seines Kleides —
Denn — edle Schwestern — seht, was man uns anthut,
Das Gold, das der Prophet am Leibe trägt,
Ist Raub von unsren Meßgewändern, ist
Missionsraub von den Kleidern unsrer Priester! —

#### Mahdi (betroffen).

Spricht er von Raub? Du irrst, Du Kind des Todes.
Wohl stammt dies Gold von Kleidern Eurer Priester,
Doch nur, weil Allah mich erkoren hat
Jedweden Glauben meinem zu verschwistern,
Als ich ihm jüngst im Himmel näher war.

(Er giebt ein Zeichen und läßt sich auf einem erhöhten Sitze nach arabischer Sitte auf einer Strohmatte nieder. Sclavinnen fächeln ihm mit großen Pfauenfächern Kühlung. Die Araber erheben sich.)

Sprecht, habt ihr nie ein Wort gehört vom Mahdi?

#### Abdullahi.

Durch mich! Doch sie sind ganz verstockt, mein Iman.

#### Mahdi (lächelnd).

Sie wollen nicht? Gott führt sie noch zur Wahrheit.
Als Derwisch zog ich durch das ganze Land
Mein Volk im wahren Glauben zu erneuen,
Da es von Euch, ihr Weißen, schon verderbt war,
Und deutete den Koran wie noch Keiner.
Dann ging ich in die Einsamkeit. Im Nile
Auf meiner Insel Aba weihte ich
Durch Fasten und Gebete mich zum Werke.
Die Wunder, die ich that, kennt alle Welt.
In Wasser wandeln sich die Türkenkugeln,
Wo ich erscheine und die Engel selber
Hat man in meinem Namen streiten sehn.

#### Uhrfelder.

Ich wundre mich, wie Jemand wagen kann
Aus Fleisch und Blut in diesen unsren Tagen
Solch Wahngebilde von erträumten Wundern
Mit seinem Munde ruhig auszusprechen,
Zumal wenn man das größre Wunder thut
Die Sclavenjagd als solch ein Gottgesandter
Mit allen ihren Martern neu zu bringen.

#### Mahdi (zu Abdullahi).

Es scheint, hier ist nicht viel zu hoffen mehr.
Mein Herz fühlt tiefes Mitleid mit den Aermsten,
Besonders diesen Fraun, doch wenn sie nicht
Zu frommen Muselmännern werden können,
So ist es besser, daß sie nicht mehr sind.

#### Abdullahi.

Man fragt Euch nun zum allerletzten Male —!

#### Uhrfelder (umarmt die Schwestern schmerzvoll).

Seid stark, geliebte Fraun! — So scheiden wir!
Wir wollten Menschlichkeit bei den Barbaren
Verbreiten, wollten höhres Leben schaffen —
Geliebte Fraun — laßt uns im Glauben sterben,
Daß wir als Zeugen bessrer Zeiten fallen —
Lebt wohl — wir wollen stark und wollen still sein —!

(Sie werden auseinander gerissen, angepackt und fortgeschleppt von einem Haufen von Arabern umringt. Die Sclaventrupps werden fortgeschafft; der Platz wird leer. Es bleiben nur):

### Fünfter Auftritt.

**Osman, Abdullahi, Hagi Halet.** Der **Mahdi** wirft sich auf der Matte betend nieder und liegt eine Weile im Gebet. Plötzlich richtet er sich schmerzlich auf und greift sich qualvoll an die Brust, indem er schwere Krämpfe zu bestehen scheint. Dann wendet er sich, sehr bleich, um. Ein Sclave reicht ihm einen goldnen, christlichen Kirchenbecher, aus dem er trinkt.

### Mahdi (bleich, noch zitternd).

Sind Alle eins, daß sie den Tod verdient?!

### Abdullahi

Alle.

### Hagi Halet.

Geruhe, heil'ger Mahdi, zu bedenken,
Daß Mohammed einst ein Edict erlassen
Im zweiten Jahr der Hedschra, unterzeichnet
Am dritten Moharrem, wonach die Priester
Der Christen unsren Schutz genießen sollen,
Falls sie uns nicht mit Waffen widerstehn.
So heißt es im Edict: geruh' zu hören:
„Die Christen sollen unterstützt werden, ihre Kirchen und
Häuser zu erhalten. Dies wird sie ihre Religion erhalten
helfen."
Erlauchter Mahdi — so sprach Mohammed
Und darum bitt ich doch für diese Christen —!

### Abdullahi.

Doch was wird dann aus unsrem Sclavenhandel,
Wenn wir die Christen schonen wie Mohammed?!

### Mahdi.

Der Emir Halet sprach als frommer Mann.
Doch ebendeßhalb kam ich in die Welt
Als andrer Mohammed, um die Gebote,
Die der Prophet gab, vielfach zu verbessern. —
Was will der Lärm, den ich vernehmen muß?!

## Sechster Auftritt

Man hört einen wachsenden Tumult, mehrere Neger kommen mit dem Ausdrucke des Entsetzens gelaufen, stellen sich auf und starren den Mahdi angstvoll an. Man hört dumpfes Trommeln und die Töne der Ombeia. **Hagi** geht ab.

### Osman.

Ein Schreckensruf durchläuft die ganze Stadt,
Man murmelt, steht und trägt es angstvoll weiter,
Doch weiß ich nicht, was es bedeuten soll —!

### Mahdi.

Man trommelt Sturm — wer, wer erfrecht sich das!
Was könnte uns erschrecken, den Propheten —!

### Abdullahi.

Seht, wie sie angstvoll dort zusammenstehn
Und scheu auf unsren heil'gen Retter zeigen —!

### Hagi (kommt wieder).

Herr, eine wundersame Kunde schreckt
Die ganze Stadt und wird im Land verbreitet.
Die Sclaven rotten drohend sich zusammen,
Sie hoffen auf Befreiung wie es scheint
Und kurz und gut, daß ich's gestehe, Herr —
Man meldet Gordon Pascha werde kommen.

### Mahdi (zusammenzuckend).

Wer?! Gordon Pascha?

### Hagi.

Gordon Pascha selbst.
Der Gouverneur des Sudans, der zu Khartum
Dies Reich regierte und den Sclavenhandel
Im Dienste der Egypter uns verdarb,

Der Mann, vor dem ganz Afrika gezittert,
Der Dich gezwungen, mächtiger Prophet,
Sein Werk, das er geschaffen, zu zerstören —

### Mahdi (starr).

Der weiße Pascha kommt! Und wo, wo ist er.

### Hagi.

Er zieht auf Khartum, ja, die Nachricht meldet,
Er sei bereits in Berber eingezogen —

### Mahdi (aufgeregt).

Und wenn er käm mit hunderttausend Teufeln,
Der Herr wird seiner Rosse Hufe lähmen —!

### Hagi.

Doch was beginnt man jetzt —!

### Mahdi.

     Mein Osman Digna,
Die Zeit ist da, wo Du zu handeln hast.
Ich sende Dich nach Suakin, dort kämpfe
Und wirf die Feinde unter Deine Sohlen.
Die Christen aber — die ihr heut gefangen —
Soll man verschonen. Mohammeds Edict
Ist gut und weise. Laßt die Frauen frei
Und bringt den Missionar vor meine Augen.
Ich will ihn würdigen mit mir zu reden.
Was will denn dieser Gordon Pascha? Will er
Mit seinem ganzen Heer den Tod erleiden?
Und wie viel tausend zählet denn sein Heer?

### Hagi.

Es wird ein schwerer Kampf. Gott schütz den Mahdi!

**Mahdi** (macht eine verabschiedende Gebärde).

Das Ungewisse ist die schlimmste Sorge.
(Abdullahi, Hagi, Osman aufgeregt ab nach links. Von rechts:)

## Siebenter Auftritt.

**Uhrfelder** und die **Schwestern** werden wieder gebracht. Sie tragen noch blutige englische Uniformstücke und einen Mantel in der Hand.

**Mahdi.**

Nur furchtlos. Tretet vor mein Angesicht!
Was tragt ihr da in Eurer Hand, ihr Frauen?!

**Elisabeth** (schmerzvoll).

Mit Thränen tragen wir die Uniformen,
Die auf dem Schlachtfeld man gesammelt hat,
Mit Thränen waschen wir vom Blut die Kleider,
Die Hicks und Seckendorff im Kampf getragen,
Wir waschen sie, um aus dem armen Tuche
Derwischgewänder nähend uns zu nähren,
Da man uns zwingt und noch nicht tödten will —!

**Mahdi** (während die Schwestern sich seitwärts setzen).

Es ist mir Leid um Euch —! — Setz Dich zu mir,
(zu Uhrfelder.)
Trink den Sorbet, den ich Dir selber reiche —!
(bietet den Kelch.)

**Uhrfelder.**

Herr, dieser Kelch stammt von dem Christaltare,
Den Du beraubt —!

**Mahdi**

Ich hab ihn neu geweiht.
Drum trinke nur. — Du willst nicht?! — Hör mich an.

Gott sandte mich, die Welt zu unterwerfen
Und gab mir vierzig Jahr zu diesem Werke.
Schon ist der Sudan mein. Nur Khartum fehlt,
Dann nehme ich Egypten ohne Müh.
Doch furchtbar blutig wird der Krieg mit Mekka,
Der dann entbrennt. Mein ist auch da der Sieg.
Von Mekka zieh ich nach Jerusalem,
Dort steigt vom Himmel dann Seiedna Isa,
Jesus, der Christ, und wirft den Antichristen
Mit meiner Hilfe in den Schlund der Hölle.
So ist es und so wird's geschehn. — Drum sage —
Was kann der arme Gordon Pascha thun,
Wenn er es wagt, sich gegen mich zu stellen?
Ein Hauch aus meinem Munde bläst ihn um.

### Uhrfelder (aufspringend).

So kommt er doch?! Der große Gordon kommt?!
O, dann muß die Befreiungsstunde schlagen!

### Elisabeth (umarmt Katharina).

O, süße Schwester! Gott hat uns erhört!

### Mahdi.

Was will er gegen den Propheten schaffen?!

### Uhrfelder (muthiger).

Nimm Dich in Acht jetzt, Mahdi! Die Propheten
Kennt Gordon Pascha schon von Deinem Schlag!
Weißt Du, wie er in China einst die Taipings
In dreiunddreißig Schlachten hat geschlagen?
Vor zwanzig Jahren lebte dort ein Lehrer,
Schulmeister, im Examen durchgefallen,
Der sich als ein Prophet im Land gebrüstet,
Als Jesu Christi Bruder, und das Reich
Des großen Taipingfrieden gründete.
Ganz China schier hat dieser Mann erobert

Denn alles Volk fiel seinem Glauben zu.
Da kam ein junger Mann von dreißig Jahren
Aus England, China machte ihn zum Feldherrn,
Der schuf ein starkes Heer und schlug wie Sturmwind
Den Bruder Jesu Christi, den Propheten!
Und weißt Du, wie er's that? Ein spanisch Rohr
Trug er in seiner Hand, nie zeigt er Waffen,
Doch mit dem Röhrchen ging er in die Schlacht
Und leitete als Schlachtendenker muthvoll
Mit diesem Bambusröhrchen die Gefechte,
Nahm Quinsan, Soochow, andre Städte ein
Und „Gordons Zauberstab" hieß man dies Röhrlein.
Für unverwundbar galt bei den Chinesen
Der Mann, doch war er's nicht, war Mensch wie du,
War kein Prophet, drum schlug er die Propheten!
Und kommt er jetzt mit einem Heer aus England,
So bist Du ganz verloren, glaube mir!

### Mahdi (verlegen).

Falsche Propheten hat es stets gegeben.
Es trifft mich nicht, daß Chung, gleich mir, ein Lehrer.
Und hast Du wohl die Noth der Zeit verstanden,
Daß fern in China, wie im Sudan ich,
Propheten plötzlich wachsen aus der Erde?
In China war die Noth das Opium,
England, Europa war die große Noth
Mit ihm die Mißwirthschaft der Mandarine —
Da schafft die Noth sich selber die Propheten
Und einen neuen Glauben. Chung Wang starb
Vorgänger mir, wie einst Johannes Jesus.
Und darum frag ich Dich: willst Du zu Gordon
In meinem Namen ziehn und ihn bestimmen,
Daß er zu meiner Sache übertritt?
Ich will ihn zum Chalifen machen, Gold —!

### Uhrfelder (verächtlich).

Bestechen möchtest Du den Mann durch mich?

Nun dann vernimm, wer dieser Gordon ist.
Ihm bot der Kaiser siebzigtausend Mark
Zum Lohn, als er die Taipings unterworfen.
Er aber trieb mit seinem Bambusrohre
Die Ueberbringer aus dem Hause, weil
Man ihm die Menschlichkeit grausam verhöhnte
Und gegen seinen Willen die Propheten
Getödtet hatte. Zweimalhunderttausend
Bot man ihm an, auch die wies er zurück.
So arm wie er nach China war gegangen,
So arm nach England ist er heimgekehrt.
Nur eine goldne Kette nahm er an,
Die ihm Prinz Kung auf seine Brust gehängt —
Doch auf dem Schiff, wo einst gesammelt wurde
Für eines Kämpfers arme Wittwe, legt er
Die goldne Kette still auf einen Teller
Als Beitrag für die Armuth. Die Medaille,
Die ihm die Kaiserin von China prägte,
Gab er zu Manchester dahin, als dort
Die Hungersnoth haust in den Fabriken.
Der Mann ist fest — kein Mahdi ficht ihn an,
Ist rein und unbestechlich — ziehe heim —
Vor solchem Mann verbleicht Dein Ruhm zum Schatten!

### Mahdi (lauernd).

Und wenn ich Dir und diesen Frau'n die Freiheit
Verheiße? Mir ist Leid um Gordon Pascha.

(Ein Sclave ist aufgetreten und hat den Frauen ein Schreiben zugesteckt.)

### Elisabeth (liest heimlich).

Von Khartum!: „Etwas Mut noch. Gordon nahet. Power."

### Uhrfelder (tritt zurück in die Nähe der Frauen).

Die Freiheit wird uns Gordon Pascha bringen!

(Elisabeth steckt ihm das Schreiben zu.)

Hat er nicht rasch Dein ganzes Land erobert?

Hat er als Gouverneur Egyptens nicht
Die Sclavenhändler gründlich ausgeräuchert?!
(Blickt auf den Brief.)
Es ist gewiß! Er kommt! Kommt als Befreier!
Und war ihm nicht gelungen die Kultur
In diese Wüstenländer selbst zu tragen
Und fuhren Dampfer nicht bis zum Aequator?
Er wird sein Werk erretten, Dich besiegen
Und Deine tausende von Menschenjägern
In die verdiente Nacht zurück verscheuchen!
Und drum ist mir nicht bang um uns! Auch uns
Wird endlich die Befreiungsstunde schlagen!

Mahdi (scheu).

Nun, seht, ich will Euch selbst die Freiheit schenken,
Wenn ihr ihm sagt, wie gütig ich gewesen
Und wie die Gräuel, welche ihr hier seht,
Mit meinem Willen nicht geschehen sind.

Uhrfelder (triumphirend).

Sag ihm das selbst! Wir wollen nicht von Dir
Die Freiheit! Gordon wird sie selbst uns geben —!

Mahdi (unruhig).

Nehmt doch Vernunft an — ist sein Heer denn groß —?!


Achter Auftritt.

**Uad Gesuli** kommt, begleitet von **Abdullahi** und **Hagi**.

Abdullahi.

Höchst wunderbar, bei Allah! Welche Wendung!

Uad Gesuli.

Gewähre göttlicher Prophet, daß ich

Den Glauben, den Du brachtest, auch bekenne.
Uad Gesuli ist mein Name, Mudir
Zu Khartum bin ich, und ich komme, Herr,
Um Deinem Namen mich zu unterwerfen.

    Mahdi (aufmerksam).

Gerade jetzt? Von Khartum?! — Deine Rechte —
     (Reicht ihm die Hand.)
„Du weihest Dich dem Mahdi, Deine Kinder
Und Dein Vermögen. Lebe keusch und rein,
Stiehl nicht, entsage geistigem Getränke
Und weihe Dich dem heil'gen Kriege." —

    Uad.
        Amen.

    Mahdi.

Du kommst von Khartum als ein Ueberläufer
Gerade jetzt, wo Gordon Pascha naht?
Wo ist sein Heer?

    Uad. (langsam).

Er hat kein Heer.

    Mahdi.
        Kein Heer?!
    Uad.

Nicht einen Mann. Er kommt allein.

    Uhrfelder (betroffen).
        Allein!
    Mahdi.

Was aber will der tolle Mann allein?

    Uad.

Dich unterwerfen, die Egypter retten

Und neue Ordnungen im Sudan schaffen.
So sagten Leute, die von Berber kamen.
Von Assuan naht er über Wadi Halfa
Zweihundertvierzig Meilen Wüste kreuzend.
Man sah den Staub am Himmelrand sich wirbeln,
Dann rast er hoch auf dem Kameel vorüber
Von seinem Freunde Stewart nur begleitet
Und nicht zehn Mann Bedienung. Einsam jagend,
Stets in Gefahr Gefangenschaft zu ernten,
So kam er von Kairo bis nach Berber
Gleich einer Trombe, die der Sturmwind auftreibt.
Ein Drahtwort schickte er zuvor nach Karthum:
„Nicht Weiber, Männer seid ihr. Muth. Ich komme."
Ich aber da ich hörte, daß der Mann
Allein kommt in unsäglicher Verblendung,
Ich floh von Khartum, um zu Dir zu eilen.

### Mahdi.

Du thatest Recht. Was will der Unglücksmann?
Will selbst er als Prophet Propheten schlagen?!

### Uad.

Auch Faragh Pascha, der zu Khartum blieb,
Weil Treue ihn an Gordon Pascha fesselt,
Er schickt durch mich Dir tiefe Ehrerbietung.

### Mahdi (mit Bedeutung).

Wie?! Faragh! Das ist Recht. Den Freund des Gordon
Hab ich zu großen Thaten noch erlesen.
Das ist ein Mann, von dem ich viel erwarte —!

(Zu Uhrfelder, boshaft.)

Nun, frommer Mann — was sagst jetzt Du dazu?!
Jetzt mag Dein Gordon Pascha Dich befreien —!

### Uhrfelder.

Es ist unmöglich. Sicher folgt ein Heer!

### Uad.

Kein Heer, kein Mann. Er kommt wie weltverlassen.

### Uhrfelder (verzweifelt).

Dann hat er keine Ahnung von der Lage,
Von diesem neuen Glauben, diesem Kriege!
Doch Gott wird selbst im Irrthum mit ihm sein.

### Mahdi.

Er rennt in sein Verderben blindlings. Doch genug.
Uns ward indeß die Macht, dies Reich des Sudans,
Aethiopien, dies Mohrenland der Märchen,
Die theure Heimath, die uns selbst gebührt.
Nun schickt nach Haloba, um Said Pascha,
Der diese Stadt so lange vor uns hielt,
Mit Beilen todt zu schlagen. Meine Gnade
Ist nun zu Ende. Laßt uns ziehn nach Khartum,
Um diesen Gordon an den Pfahl zu spießen —!

### Die Araber (tumultuarisch).

Nach Khartum! Fi schan Allah! Fi schan Allah —!

### Mahdi.

Doch diese Christen hier verschenken wir
Zu ew'ger Sclavenschaft an die Emire.
Den Mann erhält Abdullahi-en-Nur,
Die Frauen mögen sich die Kenner wählen.
Ihr aber, fromme Männer, geht, verkündet
Den Glauben an den Mahdi aller Welt,
Entzündet eine Feuersbrunst am Himmel,
In der ein Tröpflein Wasser Gordon wird,
Das wie ein Hauch verraucht vor unsrem Namen!

(Er geht ab. Alle folgen tumultuarisch. Es bleiben nur:)

## Neunter Auftritt.

**Uhrfelder, Elisabeth, Katharina.** Zwei **Beduinen;** der Eine hebt die Peitsche gegen die Frauen.

### Elisabeth (sinkt in die Kniee).

O Herr, wann naht das Ende unsrer Leiden!
Ich weine nicht um mich, ich weine nur
Um Alle, die dies Loos entsetzlich trifft!

### Uhrfelder (wie abwesend).

Kann das denn sein? Kann dies denn wirklich sein?
Daß solcher Jammer möglich ist auf Erden?
Leb ich denn im Jahrhundert der Kultur?
Und ist dies Alles nur ein wüster Traum
Vergangner Zeiten, alter Barbarei?!

(Im Hintergrunde wird, wie im Anfang, ein neuer Trupp Sclaven vorüber gepeitscht.)

O komme, komme, kühner Held und Retter,
Errette diese und errette uns —
Ersticke diese wilde Jagd auf Menschen —!
Und wenn Du einsam wie das Gute kommst
Nur deinem Stern, nur deinem Gott vertrauend,
So stärke dich der Herr zu deinem Werke —
Denn wirst du — kannst du ach! der Retter werden?!

(Er zieht die Frauen zu sich empor. Die Beduinen treten zurück.)

(Vorhang fällt.)

## Zweiter Aufzug.

Ein Saal im Regierungspalast zu Khartum, halb orientalisch, halb europäisch ausgestattet, links vorn ein Piano. — Hinten große Bogenfenster und ein großes Bogenthor, welches auf eine Veranda führt mit einer Freitreppe nach einem öffentlichen Platz, den man durch die Fenster sieht.

### Erster Auftritt.

Konsul **Hansal**, Konsul **Power**, **Faragh Pascha** stehen vorn im Saal. Links vorn **Hassan Pascha** und **Said Pascha**. Mehr im Mittelgrunde einige egyptische Soldaten, griechische Kaufleute mit Frauen und Kindern, Schneider **Klein**, **Nicola Leondidi** u. A., sowie eine Anzahl schwarzer Männer und Weiber. Draußen auf der Treppe und auf dem Platze sieht man eine große Menschenmenge versammelt.

Hansal (rechts vorn zu Power).

So bleibt es wahr, George Gordon kommt allein? Was wird er thun?

Power.

Was ihm sein Genius eingiebt — Ich weiß es nicht —!

Hansal (besorgt).

So wär es besser, wär man ausgewandert,

Als Zeit noch war, denn groß ist die Gefahr.
Uhrfelder schreibt aus der Gefangenschaft,
Wir sollten fliehn von Khartum, wenn kein Heer
Aus England kommt den Mahdi zu bekämpfen.
Der Mahdi sei nicht nur ein Sclavenjäger,
Ein rasender Prophet des Fanatismus
Und Gordon sei im Irrthum, wenn er glaube
Allein ihn zu besiegen durch sein Ansehn.
Auch warnt er uns vor diesem Faragh Pascha —
Man solle auf der Hut sein vor dem Manne —!

### Power (auf Faragh blickend).

Vor dem? O, der ist treu. Der hält's mit Gordon.
Es ist zu spät zur Flucht — ihr seht es selbst.

### Hansal (besorgt).

All diese Menschen konnten sich erretten,
Wenn nicht sie auf ein englisch Heer gewartet!
(Sprechen leise weiter.)

### Hassan (links vorn, leise zu Said).

Man muß bereit sein von ihm abzufallen,
Zur rechten Zeit, wenn er hier nichts erreicht.
Drum hab ich Waffenvorrath angehäuft
In meinem Hause und ich spar' die Löhnung
Der Truppen, um uns damit loszukaufen,
Falls uns der Mahdi noch gefährlich würde —!

### Said.

Ich bin der Eure — aber Vorsicht rath ich —!
(sprechen weiter).

### Hansal (wendet sich an die Versammlung).

Was meinen diese Herrn und diese Frauen!
Noch können wir, zwar mit Gefahr, entrinnen,
Wenn wir in kleinen Massen nordwärts ziehn

Als Nachhut bliebe Gordon mit den Truppen,
Bis wir Egypten durch dies Land des Aufruhrs
Erreicht, denn ringsherum schon stehn Rebellen —!
Was denken Sie zu thun in dieser Lage?

### Klein.

Wir bleiben hier, denn Gordon wird uns helfen,
Der Mann ist stärker, als ein ganzes Heer.

### Eine Griechin.

Wir können unsern Handel nicht verlassen.
Wir müssen bleiben. Gordon wirkt ja Wunder.

### Nicola Leondidi.

Wir bleiben Alle, Haus und Hof hält uns.
Er wird den Mahdi seiner Macht entkleiden.

### Hansal.

Dann gebe Gott, daß er das Rechte finde!
Wenn Alles seinetwegen bleibt, so will
Auch ich noch auf dem Posten harren. Amen.

### Faragh Pascha.

Und ich und Alle! (er spricht vor sich). Dieser Hassan Pascha,
Und dieser Said, was haben die zusammen?!
Ich wittre Etwas —! (laut) Beim Propheten, seht!
Er kommt! Er kommt! Kommt selbst wie ein Prophet!


### Zweiter Auftritt.

Auf dem Platze draußen sieht man eine begeisterte Aufregung.
Man winkt mit Tüchern und Fahnen, jubelt und drängt ihm entgegen. **George Gordon,** nur im bürgerlichen Rocke, mit einem
Fez, tritt auf. Die Menge ergreift seine Hände und küßt sie, sich

schwärmerisch drängend. **Stewart** und **Iphigenie** folgen ihm.
Er kommt die Treppe heran und tritt in den Saal. Die An=
wesenden eilen nun auch auf ihn zu und küssen ihm theilweise
die Hände. Von draußen stürmische Heilrufe.

### Faragh.

Sei uns gegrüßt, Erretter, Vater, Sultan —!

### Die Griechin (drängt sich mit ihrem Kinde an ihn).

O lieber Herr, ich grüße dich! O rühre
Mein Kindlein an mit deiner Hand, — dies kranke —
Es wird gesund, rührst du's nur mit der Hand an —!

### Eine Schwarze (wirft sich ihm zu Füßen, faßt seinen Fuß).

Herr, Retter, laß mich deine Füße küssen —
Wir lebten in entsetzensvoller Angst —!

### Gordon (hebt sie auf).

Steh auf, mein gutes Weib! Sonst strauchl' ich nochmals.
Schon draußen auf der Straße fiel ich hin,
Weil Eine mir die Füße küssen wollte!
Ich bin ja nur ein armer Christenmensch.

(zu Hansal und Power).

Wer sind die Herrn, die ich begrüßen darf?!

### Hansal (vorstellend).

Ich heiße Hansal, Konsul Oesterreichs —
Und hier Ihr Landsmann Power von der „Times" —

### Gordon (schüttelt ihnen die Hand).

Ich schüttle Euch die Hände auf gut Englisch.
Seid, Landsmann, mir gegrüßt — ihr, deutscher Mann!
Wir finden uns in ernster Zeit zusammen.

(zu Allen).

Ich bin gekommen ohne Heer und Mannschaft

Doch kam ich an mit Gott, der Noth zu steuern
Des Landes. Nicht mit Waffen will ich siegen,
Doch will ich kämpfen durch Gerechtigkeit.
Die Zeit der Baschibosuks ist vorüber,
Die Mißwirthschaft soll enden der Egypter,
Die dieses Mahdis Macht heraufbeschwor.
Seid selbst gerecht und gut — so müßt ihr siegen.

Faragh.

Vor dir verweht der Mahdi wie ein Traum,
Der nächtlich ängstigt, vor der Morgenröthe —!

Alle (nochmals begeistert ihn umdrängend).

Heil, Vater! Retter, Sultan — guter Mann —!

Gordon (weist sie etwas mit den Händen zurück und führt Iphigenie vor.
Man macht ihr Platz. Sie blickt etwas scheu um sich, ist verschleiert).

Und daß in diesem Kampf der Geisteswaffen
Auch nicht die Anmuth und das Holde fehle,
Bracht ich Euch hier die schönste Sclavin mit,
Die jemals Aphroditens Land entstammte.
Der Mahdi macht es gut mit seinem Handel,
Daß ich solch eine Schönheit kaufen konnte.

(Er entschleiert ihr Antlitz).

Faragh.

Wie?! Sclavin?

Iphigenia (anmuthig).

Seine Sclavin. Ja, mein Herr,
Er kaufte mich um schweres Geld —

Hansal (bestürzt).

Er kaufte —!

Faragh (befremdet).

Er selbst — der solchen Handel einst verbot —!

#### Stewart.

So ist's, ihr Herrn. Auf unsrer Nilfahrt fanden
Wir einen Portugiesen jüngst am Strande,
Der sich als einen Türken kleidete
Mit sieben Fraun und Mädchen, schwarz und weiße.
Er gab sie aus für seine Weiber alle.
Doch Gordon merkte, daß der weiße Schuft
Ein Händler war mit Fraun, die er entführt.
Und als er diese schöne Griechin sah,
Die Tochter eines Kaufmanns, die bei Berber
Bei einer Nilfahrt raubend man befallen,
Die nur durch einen Blick der Trauer sprach,
Bot er dem Portugiesen einen Thaler
Und sagte: Herr, ich heiße Gordon Pascha
Und ziehe eben hin nach Khartum, euch
Und eurer Brut das Handwerk zu verleiden.
Ich liebe schöne Mädchen dieser Art,
Verkauft mir dieses Kind für einen Thaler.
Der Portugiese wurde bleich vor Schrecken
Und gab sie wirklich her für einen Thaler.
So billig kaufte man noch keinen Menschen.

#### Gordon (launig).

Nun ist sie mein. Wer will die Jungfrau haben?!

#### Power (leicht).

Falls ich mir diese Gunst erbitten dürfte
Als ein Vertreter unsrer größten Zeitung —?!

#### Gordon.

Ihr seid sehr kühn, mein junger Mann — mein Fräulein,
Ich bin beglückt euch hiermit freizugeben,
Daß Ihr Euch selbst dem Mann verschenken könnt,
Dem einst sich euer Herz ergeben wird.
Es macht nichts aus, daß Ihr so billig waret —!

**Iphigenie** (reicht ihm die Hand).

Wenn eines Mädchenherzens stiller Dank
Dir Segen bringen kann in deinem Werke,
So muß der Himmel dein Beginnen schützen.

**Power.**

Mein Fräulein, ich bedaure ganz unendlich,
Daß dieser gute Mann so schnell euch freigab;
Doch da man Euch mir nicht als Sclavin schenkt,
So nehmet mich als Sclaven an, ich bitte —

(küßt ihr die Hand).

**Iphigenie** (ihn mit Wohlgefallen betrachtend).

Fast möcht ich's thun, denn besser ihr, ihr wäret
Mein Sclave, als des Mahdis Sclave, denk ich —
Doch, ach! man soll nicht spielen mit dem Feuer,
Es ist die Zeit so ernst, ich bin so glücklich,
Daß ich die Luft der Freiheit wieder athme,

(traurig).

Daß ich kaum glauben kann an ihre Dauer —!

**Gordon** (ihr Kinn fassend).

Mein Kind, das Köpfchen hoch! Nur Zuversicht!
Ich denke unsre Sachen stehen gut.
Der Mahdi wird es, mein ich, bleiben lassen
Auf Khartum vorzurücken, denn wir wollen
Wie Indianer, die den Waldbrand dämpfen
Durch einen Gegenbrand uns wacker wehren
Und dem Propheten seinen Heil'genschein
In eine Zipfelmütze noch verwandeln.
Und somit grüß ich Alle diese Freunde.

(er macht eine verabschiedende Bewegung mit der Hand. Iphigenie, Hansal und Nicola drücken ihm nochmals die Hand. Es gehen Alle mit frohlockenden Gebärden hinaus, der Saal leert sich; draußen auf dem Platze aber dauern die Ansammlungen fort. Es bleiben nur).

## Dritter Auftritt.

**Gordon, Stewart, Power, Faragh** — Gordon läßt sich durch einen Diener, der im Hintergrunde gewartet hat, seinen Koffer geben, er stellt ihn auf einen Stuhl, öffnet ihn und kramt darin herum. Die Anderen stehen erwartungsvoll.

Power (nach einer Pause schüchtern).
Was werdet Ihr nun thun, verehrter Mann?

Gordon.
Das werdet Ihr gleich sehn, mein junger Freund.
Laßt mich nur noch ein wenig Athem schöpfen —
Der Mahdi läuft uns sicher nicht davon —!

Power.
Nein, sicher.

Faragh.
Bang erwarten wir dein Wort.

Gordon.
Es kam sehr schnell, daß ich auf Reisen mußte.
In Brüssel weilt ich, wo der edle König
Den Kongostaat mir übertragen wollte.
Da ruft der Draht mich plötzlich heim nach London.
Ich fahre mit dem nächsten Schiff zurück,
Ein Zeitungssturm verlangt mich für den Sudan.
Wolseley bringt mich in's Ministerium.
Ich warte, dann kommt er zurück. Er sagt:
„Es ward beschlossen den Sudan zu räumen,
Doch will man Nichts gewähren für die Zukunft
Des Landes. Wollen Sie denn gehn?" — „Ja," sagt ich.
Dann trat ich ein und sah nun die Minister.
„Hat Wolseley unsre Wünsche mitgetheilt?!"
So fragt man mich. Ja, sagt ich, England bietet
Gewähr nicht mehr für dieses Landes Zukunft

Und ich soll gehen, um das Land zu räumen,
Und seine Garnisonen zu erretten."
„Das ist es," sagten sie. „Wann gehen Sie?!"
„Sofort," sprach ich. Am selben Abend reist ich.
Nun bin ich da — im Koffer kaum die Nothdurft —
Und Ihr verlangt, daß ich womöglich schon
Den Mahdi weggekehrt hier sollte haben.

Power.

Wir sind nur ungeduldig unsre Kraft
Und That in Ihrem Dienste zu gebrauchen.

Gordon (nimmt ein Papier aus dem Koffer).

Nun gut, dann gehn Sie hin, mein tapfrer Freund,
Verbreiten Sie dies Manifest, das ich
In Berber abgefaßt die Macht des Mahdis
An ihrer Wurzel kräftig anzusägen.
Freund Stewart soll damit zu Schiffe gehn
Und es im Land nilaufwärts rasch verbreiten.
Hier lesen Sie — das ist mein erster Schlag —!

Power (nimmt das Manifest und liest, anfangs ruhig, dann aber mit dem Ausdruck großer Bestürzung):

„Vernehmt, daß ich gekommen bin, das Land aus der Noth zu befreien, . . . Blutvergießen der Moslems zu verhindern. Ich habe alle rückständigen Steuern vergangner Jahre erlassen. Wer mich sehen will, der komme und fürchte Nichts. Ich gebe Euch das Recht zurück die Sclaven, die in Eurem Dienste sind, zu behalten und weder die Regierung noch sonst Jemand wird es Euch künftighin wehren —"

Dies Manifest — Herr, dieses Manifest —?!

Gordon.

Nun ja — was giebt's?

Stewart (aufgeregt).

Doch das ist nicht Ihr Ernst?

Gordon (ruhig).

Mein Ernst, gewiß, mein Ernst —

Power.

Daß Ihr erkläret
Ein Jeder könne seine Sclaven halten?!
Das wollt Ihr so in aller Welt verbreiten?

Gordon.

Gewiß, ihr Herrn, es giebt kein andres Mittel
Die Macht des Mahdis rasch zu untergraben.
Nehmt ihm die Gründe, die ihn groß gemacht,
Und er zerfällt als Mumie in sich selbst.

Power (außer sich).

Ich fasse — ich begreife nicht — Ihr könntet —!
Ihr, der sein ganzes Leben diesem Kampfe
Geweiht zur Unterdrückung dieses Elends,
Der tausende von Sclavenhändlern jagte
Und um ihr schnöd Gewerbe sie gezüchtigt,
Ihr kommt, da man als Retter euch erwartet,
Der alle Sclavenfesseln neu zerhaut,
Ihr kommt und Ihr verkündet aller Welt,
Daß Ihr die Sclaverei zu Recht erklärt —?!

Stewart.

Sir, was wird England, was Europa sagen —
Das ist ein Faustschlag in's Gesicht der Völker!

Gordon (langsam).

Ihr Herrn versteht die Sache wie die Jugend,
Die nicht den Werth der Staatskunst noch erfahren.
Gott ist mein Zeuge, könnt ich diese Greuel
Vernichten, diese Nacht noch ließ ich mich
Erschießen! Doch ich seh kein Mittel mehr.

3*

Der Mahdi ist zu groß. Mein Amt ist hier
Im Lande Ordnung schaffen und zu retten,
Was noch zu retten ist. Ihr könnt die Sclaven,
Die man besitzt, doch nicht den Leuten nehmen.
Die Sclavenjagd nur könnt Ihr noch verhindern
Und wollt Ihr dies, so muß der Mahdi erst
Gelähmt sein. Dieses Manifest bedeutet
Die Lähmung seines Anspruchs — eine Plattheit,
Doch eine Plattheit, die das Ganze rettet!

### Power.

Und glaubt Ihr denn, daß man mit üblem Mittel,
Mit solcher List das Gute könnte schaffen?!
Nur gute Mittel können Gutes wirken,
Denn kommt das Ende, rächt sich Alles einst —!

### Gordon (schärfer).

Mein junger Mann, ich glaube gern, daß Ihr
Artikel für die „Times" mit Schwung zu schreiben
Versteht. Doch von Moral versteht Ihr Nichts.
Ein Andres ist's vom Edlen Träume spinnen,
Ein Andres ist's das Edle stets zu thun.
Jahrtausendalt ist hier die Sclavenschaft,
Aethiopiens Pharaonen sahn sie schon,
Wir können nicht auf einmal sie vernichten.
Und aller Jammer, den die Menschenfreunde
In England und Europa trefflich fühlen,
Wenn sie bei Austern und Champagner tagend
Das Loos der Sclaven Afrikas betrauern,
Hilft uns nicht einen Menschen freizumachen.
Und will nun ich des Mahdis Handwerk legen,
So muß ich ihm den Vorwand klüglich kappen.
Erreichbar ist die Sclavenjagd zu dämpfen,
Dann stirbt die Sclaverei von selber ab,
Und unsre Enkel werden das erreichen,
Was wir in Selbstbeschränkung vorbereitet.
Das ist Moral des Praktischen, mein Junge!

Stewart.

Doch Niemand wird's verstehn. Das ist ein Schritt,
Der nicht so klar ist, wie der offne Himmel,
Nicht klar wie Euer blaues Schottenauge —
Nein, würdig eines Macchiavell! Und das,
Das ist nicht Eure Art — das seid Ihr nicht
Gewöhnt — in dieser Kunst seid Ihr nicht heimisch —
Ich werde diese Schrift Euch nicht verbreiten!

Gordon (stutzt und sieht sie lang an. Dann nimmt er ein andres Papier aus dem Koffer.)

Nicht?! — Wirklich nicht?! — Nun, Sir, es kommt noch besser.
Ich wollt Euch bitten die Depesche eben
Mir zu befördern an Sir Evelyn Baring,
Worin ich die Regierung Englands bitte,
Den Sclavenhändler Sebehr Pascha mir,
Der in Gefangenschaft zu Kairo sitzt,
Als Mitregenten in das Land zu senden.
Mit Sebehr Pascha will ich dann den Mahdi
Als Gegensultan prächtig untergraben.
Er ist ein Abbaside und allein
Der Mann, der vollen Einfluß hat im Sudan.

Faragh (entsetzt).

Herr, deinen Todfeind? Diesen Sebehr Pascha?
Sebehr, den Häuptling aller Sclavenjäger,
Den du gefangen nahmst mit eigner Hand,
Unschädlich gründlich machtest zu Kairo —
Ihn forderst du den Mahdi zu bekämpfen?

Stewart.

Doch das ist Wahnsinn!

Power.

Sir, das ist unmöglich!

#### Faragh.

Dein Todfeind, Herr, bedenke doch, dein Todfeind —!

#### Gordon.

Aus Feinden werden Freunde, denn das Gute
Ist mächtig in der Menschenbrust, ihr Lieben.
So habe ich's mein Leben lang gehalten.
Die Gegner, die ich in der Welt bestritten,
Die macht ich mir zu Freunden, wo ich kam.
Manch Heer, das gegen mich gekämpft, gewann ich,
Das dann mit mir als Führer weiterzog.
So war's in China, so war's hier im Sudan.
Ja, eben weil ich Sebehr einst besiegt,
Wird er mit mir vereint das Gute schaffen.
Ich geb ihm Macht und Ansehn neu zurück,
Und sieht er, wie ich wieder ihn erhöhe,
So wird sein Dank erkennen, daß das Gute
Zu thun in dieser Welt das Beste ist.
Er selbst wird diese Greuel noch bekämpfen!

#### Stewart (ernst).

Sir, wüßt ich nicht, wie Vieles Ihr erreicht
In dieser Welt durch nüchtern klares Handeln,
Verzeiht — ich hielte Euch für einen Träumer —!

#### Gordon (stark).

So laßt mich träumen! Aber geht und handelt
Und thut, wie ich befahl. Nehmt die Depesche —!

#### Stewart (entsetzt).

Herr, niemals! Denn die Welt muß uns verlachen!

#### Faragh (dringend).

Herr, thu es nicht! Einst hast du mich befreit,
Ich war ein armer Sclave wie die Andern,

Du machtest mich zum freien Mann, zum Pascha,
Dir dank ich Alles, Freiheit, Leib und Leben —
Thu's nicht, denn Sebehr Pascha selber
Hat dieses Mahdis Aufstand angezettelt
Und unterstützt —

    Gordon (mit den Achseln zuckend).

Nun, dann erreicht er eben,
Was er gewollt. Das ist die Ironie
Des Schicksals, die ihm seinen Wunsch erfüllt —!

    Faragh.

Doch wohin drängst du mich und alle Jene,
Die mir gleich, an der Freiheit Quell gekostet,
Die du zur reinern Menschlichkeit erzogen —
Wie können wir die Treue dir bewahren!
Und Sebehr wird dich doch noch hintergehn!

    Gordon.

Ihr kennt die Menschen, kennt das Gute nicht,
Das man aus jedem Menschen locken kann,
Wenn ihm die Ahnung kommt des Göttlichen,
Das in Gerechtigkeit und Liebe liegt.
Ich bin ein Christ, Ihr Herrn, drum glaube ich,
Daß diese Liebe, die die Feinde segnet
Und segnet, die uns fluchen, mächt'ger ist,
Als alle Weisheit Eurer kleinen Welt.
Die Liebe hat mich durch die Welt geleitet,
Hat China und den Sudan mir erobert;
Sie wird auch diesen Sebehr mir erobern.
Ich selbst bin nur ein schwaches Rohr — drum geht —!

    Power (erhitzt).

Sir, Ihr seid Gouverneur im Sudan, könnt
Mit uns verfahren wie Ihr wollt, doch heute,
Heut weigern den Gehorsam wir — denn Träume,
Sie werden unsre große Noth nicht bessern —!

**Gordon** (stampft heftig mit dem Fuße).

Seid Ihr denn toll?! Ich stehe hier als Mann,
Der ohne Heer kommt, dem Europas Eifersucht
Und Englands Schlaffheit jeden Mann verweigert,
Der Tausende von Menschen retten soll,
Der das Unmögliche vollbringen soll,
Und meint ihr etwa, daß ich hexen könnte?!
Mich trieb die Liebe her zu meinem Werke,
Da ich kein Heer hab, muß ich geistig wirken,
Muß ich die Kräfte innerer Natur
Des Menschen in Bewegung treiben, muß
Entfesseln Alles Gute, Alles Große,
Das in dem Menschen und im Moslem steckt —
Wollt ihr das besser kennen, als ich selbst?
Das Manifest hinaus, — fort die Depesche —
Das ist es, was Ihr habt zu thun, Ihr Herren —!

**Stewart.**

Wir thun es nicht.

**Power.**

Wir thun's nicht.

**Faragh.**

Herr, o Herr —
Was thust Du! Wohin drängst Du mich und Alle —!

**Gordon** (mißt sie eine Weile mit den Augen).

Nun denn, Ihr Herrn, da Ihr auch Feinde seid
Und Euch als Gegner mir entgegen werft,
Wo Einheit wahrlich wär von Nöthen, hört:
Einst war mein größter Gegner Li=Hung=Tschang,
Den man den Bismarck Chinas hat genannt.
Und als er einst mir hinterrücks die Könige
Gemordet hatte, die ich selbst gefangen,
Da steckt ich zu mir den Revolver, ging

Und wollte wüthend diesen Mann erschießen —
(Er zieht seinen Revolver aus der Brusttasche.)
Er war mein Todfeind, doch die Zeit, sie kam,
Daß dieser Mann an meinem Halse lag
Und mich umarmte als mein bester Freund,
Nachdem er meinen Sinn verstehen lernen:
Drum leg ich dies Papier und diesen hin —
(Er legt Manifest und Depesche auf den Tisch und den Revolver darüber.)
Hier liegt's — ich lasse das für Euch zurück —
Und ich weissag Euch, eh der Tag vergeht,
Sollt Ihr noch meine guten Freunde sein
Und selbst dies Manifest der Welt eröffnen,
Wird Stewart selbst an die Minister schreiben,
Daß Sebehr unsre einz'ge Hoffnung ist
Und muß es sein, so werdet Ihr, Ihr Gegner
Des Gordon noch mit Gordon Pascha sterben
Als Zeugen, daß man segnen soll die Feinde
Und daß es eine Herzensweisheit giebt,
Die größer ist als Alles. Seht, da liegt's —!
Ihr werdet, sag ich, werdet —! Drum mit Gott!
Ich aber reiße das Gefängniß auf,
Frei mach ich, wer im Joch Egyptens schmachtet,
Um so den großen Gegensturm zu schüren!
(Er hat nochmals auf den Revolver gewiesen und schreitet mit gehaltener, in Ruhe gedämpfter Leidenschaft nach links ab.)

### Vierter Auftritt.

**Stewart, Power, Faragh.**

Power (sinkt traurig in einen Sessel).

Am Liebsten nähm ich diese Waffe selbst
Und schösse mir die Kugel durch den Kopf,
Daß solch ein Mann sich selbst so untreu wird
Und also eine große Sache preisgiebt —!

Stewart.

Es darf nicht und es kann nicht sein — es muß
Etwas geschehn —!

Faragh.

O niemals werden wir
Mit solcher Staatskunst diesen Mahdi treffen!
Nein, weg mit dem Edict, verbrennt's, ihr Herren,
Verbrennt auch die Depesche — hindert ihn!

Power.

Doch wie! Sein Kopf ist eisenfest —

Stewart.

Der Himmel
Wird einen Plan uns senden, seine Einsicht
Zu bessern. Jeglich Mittel muß uns Recht sein.
Kommt, Power, laßt uns sehn, was wir beginnen!

Power.

Ein solcher Mann —! Gott schütze seine Sinne!
(Power und Stewart aufgeregt nach rechts ab. Von links kommen vorsichtig.


### Fünfter Auftritt.

**Said** und **Hassan** Pascha, ohne **Faragh** sogleich zu bemerken.

Said.

Da ist er nun — doch, was beginnen wir —

Hassan (bringt aus seinem Kleide ein Bildniß zum Vorschein).

Seht dieses Bild — das sandte mir der Mahdi —
Er selbst — gleicht er nicht einem Heil'gen — wie?
Er sendet's uns als Gabe seiner Gnade —!

#### Said.

Ich setze keine Hoffnung mehr auf Gordon,
Seit ich dies schöne Antlitz sehen darf —
Das Bild weg — rasch, verbergt's — da steht ja Faragh —
(Hassan versucht das Bild zu verbergen.)
Nun, Pascha, sagt, wie dünken Euch die Zeiten?!

#### Faragh.

Schlecht, schlecht, ihr Herrn —

#### Hassan (verlegen das Bild verbergend).

So wär es wohl das Beste,
Man suchte mit dem Mahdi sich zu stellen — ?
Ist's wahr, daß Gordon Sclaven uns erlaubt?

#### Faragh.

Jawohl und will den Sebehr Pascha rufen —
Am Ende wird er selbst noch ein Moslem —!

#### Said.

So ist's wohl besser, hält man es mit Gordon —?!

#### Faragh (stutzend).

Wie meint Ihr das, Ihr Herrn — wie meint Ihr das —!

#### Said.

Nun, wenn der Mahdi kommt, so fragt sich doch
Zu wem von Beiden man sich stellen muß —!

#### Faragh.

Ei, so — ihr Herrn, das fragt sich noch für Euch?!
Ich wittre was wie von Verrath — erblaßt Ihr?!
Ihr seid Egyptens Paschas, Gordons Feldherrn
Und habt hier keinen Herrn, als Gordon Pascha —!

Ei, sagt doch, was Ihr da so bang verbergt —
Laßt sehn, was ist das —!

Hassan.

Pascha, es ist nichts —!

Faragh.

Wie? Nichts? Das wär ein großes Nichts! Ei, gebt doch —
(Er entreißt Hassan das Bildniß. Die Paschas treten bestürzt zurück.)
Was muß ich sehn! Das ist des Mahdis Bildniß!
Wie kommt dies Ding in Eure Hand, ihr Herren?
Ihr Hundeseelen! Jetzt schon wollt Ihr Euch
Verschachern an den Lügner, den Propheten —?!

Hassan.

Ihr ließt ja selbst ihn grüßen —

Faragh.

Hütet Euch!
Hinaus hier! Dieser Saal soll reinlich bleiben!
Und weh Euch, wenn Ihr jemals wieder zweifelt,
Wem Eure wahre Treue hier gebührt —!

Hassan.

Ihr nehmt es gleich zu schroff — gebt uns das Bild —!

Faragh.

Das Bild behalte ich! — hinaus, ihr Herren!
(Er treibt sie rechts hinaus.)
(Allein.) Wie soll dies Alles enden! Wie soll's enden!
(Das Bild betrachtend.)
Welch schönes Antlitz! Wahrlich ein Prophet!
Herr, schütze mich, daß ich nicht irre werde,

Daß ich nicht selbst noch zum Verräther werde,
Da dieser Mann sein eignes Werk verrathen!
(Er geht ab rechts.)

### Sechster Auftritt.

**Gordon** und der Neger **Mustafa** von links. Gleich darauf
**Iphigenie.** Später noch **Stewart** und **Power.**

Gordon (auftretend, blickt auf den Tisch).

Es liegt noch da —! Wie klein doch denkt der Mensch!
Wie wenig kann das Beste er verstehn!
(Zu Mustafa)
Nun, komm, mein alter Junge, gieb mal her —
Und zeig mir die zerrissne Hose vor —!

Mustafa (giebt ihm eine kurze Negerhose).

Ach, Massa, seht, ich bin so dumm, ich kann
Sie selbst mir flicken nicht — ich kann nicht nähen,
Doch schlägt mein Herr mich bis auf's Blut, sieht er,
Daß ich sie aus Versehn zerrissen habe —!

Gordon (nimmt die Hose, betrachtet sie lächelnd, nimmt aus seinem Koffer
Zwirn und Nadel, setzt sich auf einen Stuhl und beginnt nähend zu flicken.
Mustafa kniet vor ihm nieder).

Du siehst es geht —! Bist auch der Erste nicht,
Dem solche kleine Dienste ich erwiesen.
Freimachen kann ich Dich ja nicht, doch sollst Du
Auch keine Prügel haben, alter Junge —!

Mustafa (wischt sich die Augen).

Herr, Du bist gut — ich armer, armer Hund,
Daß ich Dir doch recht Gutes könnte thun —!
So arm wie ich ist wohl kein Mensch auf Erden —!
(Iphigenie tritt auf und sieht staunend die Gruppe. Sie macht mit der Hand
eine Gebärde der Rührung, dann geht sie schnell wieder ab nach rechts.)

### Gordon.

Mein Sohn, es giebt viel ärmre arme Leute.
In meiner Heimath, der Millionenstadt,
In Londons Nebeln hausen sie im Elend
Und sterben schier vor Hunger auf der Straße!
Ach, schwer hab ich geschaffen dies zu ändern
Und selbst im Sudan muß ich dran gedenken. —

(Er legt seine Arbeit in den Schooß.)

### Mustafa.

Doch warum sagst Du mir, da ich Dich grüßte,
Wenn Du so gut bist, daß wir hier im Land
Die Sclaven unsrer Herren sollen bleiben?!

(Iphigenie tritt wieder auf mit Stewart und Power, zeigt ihnen die Gruppe, legt den Finger an den Mund und bedeutet sie sich still zu verhalten.)

### Gordon (weiterflickend).

Du gute Einfalt, Dir will ich's vertraun.
Doch mußt Du's Niemand sagen. Tröste Dich.
Denn ein Geheimniß soll es sein den Klugen.
Wenn ich, so Gott will, hier den Mahdi dämpfe
Und Sebehr eingesetzt zum beßren Sultan,
Daß Ordnung hier im Land wird und die Herren
Euch besser halten, dann — dann zieh ich fort —

### Mustafa.

Du gehst?! Verlaß uns nicht!

### Gordon.

       Ich gehe doch
Und auf dem blauen Nilstrom fahr ich aufwärts
In schönres Land, wo reich die Palmen schatten
Und weite Seen und Gletscherberge prangen.
Dort rollt in breiten Strömen hin der Kongo,
Den kühne Männer neu entdeckt, dort hausen
Millionen freier Neger —

#### Mustafa.
###### Freie Neger?!
Ach, wär ich dort!

#### Gordon.
    Und auf den freien Bergen,
In tiefen Wäldern walte ich als König,
Denn Belgiens edler Herrscher will es so —
Dort gründ ich einen großen Staat der Freiheit,
Bewaffne, bilde alle Neger —

#### Mustafa.
###### Das willst Du?!

#### Gordon.
Und mache sie so stark im großen Bund,
Daß sie sich selbst und ihre Kinder schützen.
Und wenn die wüsten Menschenjäger kommen,
So werden sie sich wehren wie die Löwen,
Im starken Bund die grause Jagd verhindern.
Und wo dann soll der Türke Sclaven finden,
Wo der Egypter, wenn die Jagden enden?
So mach ich doch noch diese Schmach zu Nichte
Und fasse an der Wurzel dieses Uebel! —
Und da, mein Junge, hast Du Deine Hose —!

(Er erhebt sich und giebt dem Neger die fertig geflickte Hose. Der Neger küßt sie, dann aber hält er sie vor die Augen und weint hinein wie in ein Taschentuch.)

#### Stewart (tritt gerührt vor).
Vergebt uns, edler, guter, reiner Mann —!

#### Power (begeistert).
Und wenn Du uns in eine Hölle führtest,
Dir will ich folgen in die Nacht der Nächte,
Und wenn Du nicht verzeihst, so schieß ich mir
Mit Seligkeit die Kugel durch den Schädel,

Du Großer, Guter, Unverständlicher,
Und wenn es Wahnsinn ist, was du beginnst —
Ich will mit dir in diesem Wahnsinn sterben —!

### Gordon (ist betreten zurückgewichen).

Ihr habt gelauscht?! — Nein. Kinder, lobt mich nicht!
Nein, lieber todt, als von der Welt gelobt sein! —
Doch was wird nun aus diesem Manifest?!
Und die Depesche —?

### Iphigenie (ergreift das Manifest.)

Dieses Blatt ist mein!
Sie sagten Alles mir. Wer nimmt dies Blatt —?
Wer nimmt's und liest's dem Volke draußen vor —!

### Power.

Ich nehm's, ich nehm's! Doch nur, wenn diese Hand,
Die mir es reicht, auf ewig mir sich schenkt —!

### Iphigenie (tritt, das Manifest hoch erhebend, etwas zurück).

Das Mädchen sammt dem Manifest, darinnen
Die Sclaverei von Neuem wird gegründet —?!

Power (reißt es ihr aus der Hand, umarmt und küßt sie leidenschaftlich und führt sie in solcher Umarmung auf die Veranda hinaus, wo er mit Iphigenie, die ihm ins Blatt schaut, das Manifest verliest. Es erhebt sich ein so lauter Jubel, daß man seine Worte vorn nicht vernimmt).

Gordon (blickt dem Paare freundlich nach und steckt seinen Revolver zu sich).

Mein lieber Stewart, seht, so werden Freunde
Aus unsren besten Feinden. Ob Ihr mich
Auch nicht so ganz versteht — ich merk es ja —

### Stewart (die Depesche vom Tische nehmend).

Ja, Sir, ich muß es Euch gestehn, ich bin
Noch nicht von Euren Thaten überzeugt.
Denn wird die Welt, wird England Euch verstehn?

Groß ist der Plan, den Ihr verrathen habt,
Doch wird darum das Mittel jemals besser?
Denn Täuschung bleibt es doch, dies Manifest,
Und diese Täuschung, kann sie heilvoll enden?
Ja, wenn wir unsre Feinde segnen sollen
Und lieben, die uns hassen — saget selbst:

(Auf die Depesche zeigend).

Ist diese höchste Weisheit doch vielleicht
Mit einem Gran versetzt der höchsten List,
Die eben darum jener reinsten Treue,
Die wir der Wahrheit schulden, uns entfremdet?
Dies Manifest und Gebehr — ist es nicht
Ein Plan der ein Verhängnis in sich trägt?!

Gordon.

Mag sein, mein Stewart — doch der Mensch muß handeln!
Vielleicht zerbricht's auch mir mein altes Herz,
Daß ich mein eignes Werk der Welt zu retten,
Es scheinbar muß verloren geben hier.
Ob gut, ob schlimm — man muß die Folgen tragen. —

(er rührt eine Klingel, die auf dem Tisch steht).

Und drum heraus, ihr muntren Bursche! Schnell,
Vollbringt, was ich geheißen! Schleppt heraus
Und häuft auf einen Scheiterhaufen Alles,
Was Euch bedrückt und Euch das Leben schwer macht —!

(Mehrere Neger und Sudanesen kommen von links und rechts und schleppen große Stöße von schweren Rechnungsbüchern, sowie eine Anzahl Marterwerkzeuge herein, tragen sie durch die Mittelthür hinaus auf den Platz und schichten dort Alles auf einen Haufen. Andre bringen draußen auf der Straße Nilpferdpeitschen und Uniformen von Baschibosuks sowie brennende Fackeln, die sie auf den Scheiterhaufen werfen. Das Publikum staut davor zurück).

Stewart.

Mein General, was ist das, was vollbringt Ihr?!

Gordon.

Das sind die Marterzeuge der Regierung

Egyptens, sind die dicken Rechnungsbücher,
Worin des Volkes Schulden und die Steuern,
Die drückenden, gebucht stehn! Brennt sie an!
Mit diesem Gegenfeuer dämpfe ich
Den Brand, den uns der Mahdi angezündet!

(er geht nach hinten).

Schlagt auf, ihr Flammen, mit der Gluth der Freiheit,
Und wie entfesselt wollen wir zum Sieg ziehn!

(Auf dem Platze schlägt die Flamme empor. Das Volk jubelt und tanzt. Ein Haufen Gefangener, noch mit Ketten behangen, stürzt die Treppe herauf und wirft sich Gordon dankend zu Füßen).

**Stewart** (vorn stehend mit schwerem Herzen).

Es kann nicht heilvoll sein — ja, das Verhängniß,
Ich seh es schon im schwarzen Schleier nahen —
Das Korn aus solcher Saat muß brandig werden —!

(Vorhang fällt.)

## Dritter Aufzug.

Der Saal wie vorher.

### Erster Auftritt.

**Hagi Halet, Faragh Pascha** und zwei Derwische des Mahdis. In der Ferne hört man wiederholt das Knattern von Flintensalven. Draußen vor der Veranda ist ein Geschütz aufgefahren.

#### Faragh.

Geduldet Euch noch kurze Zeit, Emire,
Dann sollt ihr Audienz bei Gordon haben,
Und was der Mahdi sagen läßt, verkünden.
Denn eben findet vor den Thoren nordwärts
Ein Treffen statt, und von dem Dache droben
Betrachtet Gordon spähend sich die Schlacht.

#### Hagi.

Ein edler Mann —! Um ihn ist Schade wahrlich —
Und auch um Euch, mein braver Faragh Pascha —!

#### Faragh.

Um mich — wie meint man das —!

#### Hagi.

Es ward beschlossen
Durch meinen Herrn den Mahdi, daß er selbst
Belagern will die Hauptstadt dieses Reichs
Und hunderttausende von wilden Kriegern,
Begeistert bis zur blut'gen Raserei,
Sie rücken schon heran auf diese Stadt.
Da wär es wahrlich Schad' um Euch und Gordon,
Denn ohne Gnade straft der Gottgesandte,
Wer seinem Siegeslaufe widerstreitet.

#### Faragh.

Er wird an Gordon eine Mauer finden —

#### Hagi.

Er wird es nicht. Was kann der e i n e Mann,
Wenn England keine Truppen schickt zur Hilfe?
Der Mahdi, er verachtet Gordons List,
Sein Manifest verlachen wir — denn, siehe:
Du selbst, ein freigelaßner Sclave einst,
Was sagst denn du, daß Gordon Etwas thut,
Wonach du selbst zuletzt noch Sclave wärest?!

#### Faragh

Verwünscht! — Doch England wird uns Truppen senden
Und dann ist Eure Herrlichkeit zu Ende.

#### Hagi.

Wir wissen's besser. Nachricht ward uns längst,
Daß Ihr und Gordon ganz vergeblich hofft.
Wir hielten alle Posten auf, erst heute
Gelangt in Eure Hand, was wir für Euch
Zu wissen gut befunden haben —

#### Faragh (bestürzt).

Wie?!
Ihr kennt die Posten schon, die uns betreffen?

### Hagi.

Drum wendet an die Milde Euch des Mahdis.
Denn tief für Euch lebt seine Liebe längst.
Wenn jetzt der Mahdi diese Stadt belagert
Und wenn ihm nicht gelingt zur Einsicht Gordon
Zu wenden, daß der Widerstand vergeblich,
So rechnet er, Ihr werdet Etwas thun,
Was Gordon selbst zum Heil gereichen würde —!

### Faragh.

Die Stadt verrathen? Sagts nur gleich heraus —
Damit wird Nichts, Ihr Herrn, — Ihr kennt mich nicht!

### Hagi.

Wir kennen Euch und achten Eure Ehre.
Doch sieh! man fordert nicht Verrath von Euch.
Bedenkt, wenn diese Stadt zu lang sich hält
Und so des Mahdis Langmuth sich erschöpft,
Welch grausam Loos für Gordon Pascha schwebt.
Doch fällt die Stadt in kurzer Zeit uns zu,
So wird der Heil'ge Schonung üben, wird
Den edlen Mann wie einen König ehren,
Wird ihm verzeihn sein tolles Unternehmen
Und friedlich ihn zum Kongo ziehen lassen.
Euch selbst verheißt er eine andere Gnade —
Es ist noch frei der Platz für jenen vierten
Chalifen, der ein Stab ist des Propheten —
Sagt selbst, ob es Verrath ist den zu retten,
Dem man die Freiheit dankt und seine Würde —!

### Faragh.

Wenn man Euch trauen könnte —!

### Hagi

*Urtheilt selbst.*

Ein aufgegebner Mann ist Gordon Pascha —

Was er beginnt, ist nur Verzweiflungswerk.
Und wenn sein Starrsinn hier nun diese Stadt
In Noth und Jammer der Belagrung stürzt,
Und ihn zuletzt dem sichren Tode weiht —
Ist es nicht besser, wenn ein kluger Freund,
Was er verfehlt, in aller Stille bessert?!
Nicht durch Verrath, nicht durch Verrath, mein Pascha!

### Faragh.

Ich sage Nichts — ich hab nicht Ja gesagt!
Doch wie, wie dächtet Ihr Euch denn die Weise,
Daß ohne schmählichen Verrath dies möglich?

### Hagi.

Nun, seht, der Mahdi weiß, der Alles weiß,
Daß jene Festungswerke, die man Euch
Im Westen übertragen hat zu schützen,
An mancher Stelle in Verfall gerathen
Und leicht den Zugang einem Heere öffnen.
Und warum soll man jene Mauern bessern?
Warum bereinst die Noth der Stadt verlängern?
Man lasse das — und wäre das Verrath?
Die Pforte wird es, wo die Gnade einzieht,
Wo man den Freund und tausend Menschen rettet.
Versteht Ihr das?!

### Faragh.

 Da Ihr es mir gesagt,
So wär's Verrath, verhütet ich nicht schleunig,
Daß niemals diese Gnadenpforte aufsteht!

### Hagi.

Ihr traut uns nicht?!

### Faragh.

 O könnte man Euch traun! —
Ja, wär es denn Verrath den Mann zu retten,
Der nicht mehr mit sich selbst sich ähnlich scheint?!

#### Hagi.

Bedenkt's und überlegt. Wir wollen hoffen,
Daß Gordon selbst von seinem Plane absteht,
Doch kann er's nicht — Ihr wißt den Weg der Gnade —!

#### Faragh.

O hätt ich nie dies Wort von Euch vernommen!
Es wird mich Nachts aus meinem Schlummer schrecken —
Es wird das Leben mir vergiften, wird
In schwüler Angst mich von dem Lager treiben —
O wenn man trauen könnte, wenn man könnte!
Ja, hätt ich sichre Bürgschaft — falls es wirklich
So weit noch sollte kommen, was ich nicht
Erwarte — hätt ich Bürgschaft — sagt dem Mahdi —
Ich sei ein Freund des tapfren Gordon Pascha
Und würde stets nur handeln für sein Wohl —!

#### Hagi.

So spricht ein Mann des Chalifates würdig —!

#### Faragh (während man neues Flintenknattern hört).

Ich bitte, hier zu warten — mir erlaubt,
Daß ich zu meiner Pflicht mich wieder wende —!
(Er führt sie links durch die Thüre in's Nebengemach. Sie gehen ab; allein):
O hätt ich niemals dieses Wort gehört!
O wär ich nie in diesen Kampf gerathen!

(Er geht durch die Mitte ab nach dem Platze.)

### Zweiter Auftritt.

**Iphigenie** und **Power** kommen von rechts. Power trägt ein
Manuscript und die Feder in der Hand.

#### Power.

Hier ist es sichrer — hier ist größre Ruhe —

Dies Knattern und dies Schießen macht ganz toll.
Hier setz ich mich und schreibe für die „Times"
Berichte, die die Liebe mir dictirt.

(Er setzt sich am Tische nieder.)

Mein Bräutchen, setze Dich an meine Seite —

(Sie setzt sich dicht zu ihm.)

Wo blieb ich stehn — ach! Liebchen, sag mir's vor —!

Iphigenie.

So schreibe: „Gordon waltet Wunder hier,

(Er schreibt.)

Der Mahdi gilt für Nichts" — Hast Du das: Wunder?
Und damit Punkt.

Power (schelmisch).

Punkt. Ja, wie mach ich den?!

Iphigenie.

Nun, jeder Satz, den Liebe druckt, der schließt doch —

Power (küßt sie).

Mit diesem Punktum. — So, da steht der Punkt.

Iphigenie.

Doch der wird nicht mit in der „Times" gedruckt.
Nun weiter. Schreibe: „Glänzend war der Sieg,
Den Gordon zu Halfaja jüngst erfochten.
Mit eigner Hand hat Gordon seine Dampfer
Gepanzert wider die Rebellen dort,
Denn ihre Kugeln kamen schon so nahe,
Daß sie in den Palast von Khartum fielen" —
Hier, Liebster, sieh, und rathe, was das ist —

(Sie bringt aus der Tasche eine Kugel.)

Power.

Was?! Eine Kugel?

Iphigenie.

Ja, es ist die erste,
Die hier in diesen Saal schlug vor zwei Tagen.
Ich hob sie auf und steckte sie zu mir.
Da ich Dir den Verlobungsring noch schulde,
Weil mir der Portugiese Alles nahm,
So schenk ich Dir sie als ein Brautgeschenk
Zum Briefbeschwerer — sieh, das macht sich gut —

(Sie legt die Kugel als Briefbeschwerer auf's Manuscript.)

Power.

Du stolzes Mädchen —! Glaubst Du nicht, ich müßte
Hier wieder einen Punkt —?!

Iphigenie.

O, nein — der Satz
Ist noch nicht aus. Schreib weiter. „Gordon rückte
Mit Dampfern aus und siegte wie im Sturme —"

Power.

Jetzt aber Punkt.

(Küßt sie wieder.)

Iphigenie.

Du liebst so kurze Sätze —!

Power (schreibend).

„Wir sind hier guten Muths, denn ein Gerücht,
Daß England Truppen schickt zu unsrer Hilfe,
Erreichte uns von Berber —" Süßes Liebchen —
Hier müßte nun ein Fragezeichen stehn.
Doch wie, wie sieht das aus —?!

**Iphigenie** (schmiegt sich sorgenvoll an ihn, zu ihm aufblickend).

Ein Fragezeichen?!

**Power** (sie an sich schließend).

Ja, Herz, so sieht's wohl aus, dies holde Zeichen,
Das so viel Hoffen süßer Liebe deutet.
O, wär erst die Gewißheit da des Siegs!
Dann zieh ich heim mit Dir in's traute England,
Dann bauen wir ein Nest und soviel Punkte,
Als ich noch jemals mache für die „Times"
Will ich auf Deinen süßen Mund Dir heften.

(nimmt nachdenklich die Kugel.)

Ja, hätt ich diese kleine Kugel sicher
Als Briefbeschwerer schon im fernen London,
Mein Herz wär leichter, denn, mein trautes Leben —
Dies Brautgeschenk wiegt schwer in meiner Hand —!

(man hört aus der Ferne neues Flintengeknatter. Auf der Straße draußen sieht man mit gefälltem Gewehr einen Trupp egyptische Soldaten im Sturmlauf vorüberziehen).

**Iphigenie** (sich losreißend).

Mein Gott im Himmel — was bedeutet das?!

(Sie reißt sich los und geht nach der Veranda, wo sie während des Folgenden abgeht, dann aber ab und zu wieder erscheint.)

## Dritter Auftritt.

**Gordon** von rechts. **Faragh** durch die Mitte. **Stewart** von links. Er trägt den Arm in einer Binde.

**Gordon** (heftig).

Verrath, Verrath! — Schmachvolle Niederlage!

**Faragh** (hinausrufend).

Schleppt die Verräther her, die schlechten Geier!

**Stewart** (ein geschnürtes Packet tragend).

Was ist geschehn! Das Volk ist wie gelähmt —
Ich bin verwundet — muß hier müßig gaffen —!
Hier bring ich Posten, Zeitungen aus England, —
Sie kamen durch die Hand des Feinds — die endlich
Entscheidung müssen bringen unsrer Rettung —!

**Gordon.**

Die Posten? — Gebe Gott, daß Gutes kommt. —
Vernehmt den schmählichen Verrath der Paschas.
Zwei Meilen weit am blauen Nile seh ich
Die Linien der Rebellen sich erstrecken.
Ich sende Hassan vor und Said Pascha,
Der Feind zieht hinter Dünen sich zurück,
Schon scheint er abgeschlagen — plötzlich kehren
Die Paschas um und bringen unversehens
Auf ihre eigene Mannschaft ein — ein Schrecken
Erfaßt die Leute — Ordnung ist verloren
Und in die Lücken wirft der Feind sich jählings —
Entsetzliches Gemetzel — unsre Leute
Sie fliehn — mit Mühe nimmt sie auf die Festung —
Da sind die schmählichen Verräther — diese —!


## Vierter Auftritt.

**Said** und **Hassan** werden gebracht, umgeben von einer Masse flüchtiger Soldaten, welche sie drohend umringen.

**Said.**

Ich bitte Gnade, edler Gordon, Gnade —!

#### Faragh.

Verräther sind sie! Herr, ich sah es selbst,
Wie Said einen Kanonier erschlug,
Der sein Geschütz gerichtet auf die Feinde.

#### Gordon.

Sofort erschießen! Schafft sie Beide fort!

#### Hassan.

Was? Uns erschießen? Sind wir's denn allein?
Giebt es nicht hunderte in dieser Stadt,
Die heimlich unterhandeln mit dem Mahdi?
Und willst du hier allein uns büßen lassen?
Was? Ohne Heer bist du zu uns gekommen —
Und kannst uns doch nicht schützen auf die Dauer!
Wir warten wochenlang auf Hilfe schon,
Sie kommt und kommt nicht — darfst du uns verdammen,
Daß wir zu retten uns gesucht wie Andre?
Erschieße uns — doch hundert Andre mit,
Die du nicht kennst und die hier frei herumgehn —!

#### Faragh (für sich).

Die Er nicht kennt und die hier frei herumgehn —!

#### Gordon (legt die Hand auf die Stirn)

O nur zu wahr! — In deiner Hand, mein Stewart,
Muß unser Schicksal ruhn, du trägst die Posten,
Die Antwort geben auf des Paschas Hohn!
Doch wie dem sei, ihr Herrn — ihr seid Verräther —
Stellt augenblicks sie vor ein Kriegsgericht —
Laßt sie erschießen, Faragh — schafft sie fort —!

#### Faragh (aufgeregt, im innern Kampfe).

Hab ich es nicht gesagt, ihr Galgenvögel,
Wie es mit Euch noch kommen muß? hinaus —!

(Faragh läßt Said und Hassan abführen. Die Soldaten folgen, ab.)

## Fünfter Auftritt.

**Hansal** durch die Mitte. **Power, Stewart, Iphigenie** ab und zu auf der Veranda erscheinend. **Gordon** (lehnt sich an den Tisch). **Nicola**. **Hansal** flüstert mit **Power**.

### Gordon.

Es blutet mir das Herz, daß ich dies Mittel
Ergreifen muß — doch dieses nur kann lähmen
Verrath, der heimlich rings im Stillen schleicht —!
O Stewart, laß die Siegel ungelöst,
Du trägst die Urne unsres Schicksals bei dir —
Es wird mir schwer in diesen Kelch zu greifen!

(Stewart beginnt die Siegel des Packets zu lösen, mit seinem verwundeten Arm etwas schwerfällig; er läßt die Depeschen und Zeitungen auf dem andren Tische auseinanderfallen.)

### Power (bleich, nähert sich Gordon).

Gestattet, Sir, ein Wort — man muß sich fassen —!

### Gordon.

So bleich, mein junger Mann?!

### Power (unterdrückt).

Es sagt mir Hansal,
Daß draußen vor dem Thor ein Mann erschien,
Der als ein Flüchtling meldet, daß vor Kurzem Berber
In gräßlicher Erobrung den Mahdisten
In ihre blut'gen Räuberhände fiel.

### Gordon (entsetzt).

Gefallen?! Berber?! — Nein, nicht das, nur das nicht —!

Power.

Es fiel die Stadt. Und wir sind gänzlich nun
Umringt vom Feind, kein Ausweg nach Egypten!

Gordon.

Kein Ausweg mehr! Die Falle klappte zu.
Wir sitzen drin. O Power, diese Kunde
Macht mich um zwanzig Jahre älter, rückt
Mich näher an das letzte Ziel der Dinge.
Doch England muß uns Hilfe schicken — wird es —
Drum, Stewart, öffne die Pandorabüchse
Und zeig uns alle deine Herrlichkeit —
Es gilt jetzt nur Gewißheit noch, drum lies —!

Stewart (beklommen).

Herr, willst du selbst nicht —?

Gordon.

Greif nur still hinein
Und zieh die Loose unsres Schicksals. Siehe
(Er setzt sich).
Ich sitze hier wie am Altar das Opfer —
Laß hören, was uns England und Europa
Nach soviel todten Wochen sagen läßt.

Stewart (nimmt eine Depesche, liest sie, erschrickt und läßt langsam die Hand damit sinken).

Gordon (stutzt).

Wie nun? Nichts Gutes?

Stewart.

Nein, Nichts Gutes, Herr.
Es schreiben die Minister dem Gesandten,
Daß man den Sebehr Pascha dir verweigert.

#### Gordon.
Verweigert Sebehr?! Trotz der langen Gründe,
Mit denen Ihr und ich von Neuem stets
Die eherne Notwendigkeit bewiesen?
Und gelten alle Gründe denn für nichts?

#### Stewart.
Unmöglich nennen's die Minister, denn
Europas Meinung würde dies verdammen,
Man könne einen Sclavenhändler nicht
In dieser Sache zum Gebieter machen,
Wo alle Welt die Sclaverei verabscheut.

#### Gordon.
Doch meine Gründe —!

#### Stewart.
Der Minister meint
Es sei gefährlich für Euch selbst, denn Sebehr
Er würde sich an Euch vor Allem rächen,
Käm er durch Euch zur Macht —!

#### Gordon.
O, diese Weisheit
Vom grünen Tische! Kennen sie die Menschen?!
Sie kennen nicht den Muselmann — ich kenn' ihn!
Der große Bismarck selbst theilt meine Meinung —
Er, der die Staatskunst übt der Wirklichkeit —!

Power (hat in einer Zeitung gelesen, schlägt auf den Tisch).

Herr, unerhört! Das wagen sie zu schreiben!

#### Gordon.
Lies zu, mein Sohn, ich ahne schon, was kommt —!

Power (lesend).

„Ein Sturm fährt von Entrüstung durch ganz England,

Daß Gordon solch ein Manifest erlassen,
Darin die Sclaverei der Mann beschönigt.
Die Antisclavereigesellschaft tagte
Und sandte den Ministern ihren Einspruch
Für **den** Verrath an aller Menschlichkeit.
Es scheint, daß Gordon den Verstand verlor —!"

Gordon.

Das schreiben diese Tintensclaven, das?!

Stewart (ein andres Blatt findend).

Hier ist der Wortlaut dieser Sturmadresse:
„Erniedrigung für England, ein Skandal
Für ganz Europa —" wenn man Sebehr schickte —
Und die Minister lassen sich verwirren —!

Gordon.

Die Blinden, die mich selbst mit Tausenden
In reiner Menschenfreundlichkeit kaltherzig
An's Messer liefern! — Doch genug hiervon.
Wie steht es mit den Truppen, die ich wünschte.
Fünfhundert Mann nur, schottisch Kernvolk braucht ich,
Um hier ein Heer zu schaffen, das den Mahdi
Zurückschlägt und die Garnisonen rettet —
Ich schrieb ja, daß die Lage anders ist,
Als man geglaubt, daß ich den Rückhalt brauche
Von einer Macht, die hundert Mann nur sendet,
Denn dies Egyptervolk ist Ausschuß nur —
Daß schon der Glaube, daß ein Heer kommt, rettet —!

Stewart (sucht, liest mehrere Depeschen, bei der letzten zittern seine Hände, er sinkt auf einen Stuhl).

Gordon.

Mein Stewart zittert —? Wie, mein alter Freund?!
(er nähert sich Stewart und nimmt ihm langsam das Blatt aus der Hand; er scheint unschlüssig, ob er es lesen soll; dann aber wirft er einen Blick darauf.)

Im Stich gelassen also! Keine Truppen!
Nur eine Friedenspolitik verfolgt man.
Mein Auftrag sei nur den Sudan zu räumen.
Ja, man vertraut zu meinen besten Händen,
In die man diese Sache legte, daß ich
Im Frieden alle diese Dinge ende.
O blut'ger Hohn der tollen Weltgeschichte —!
In dieser Lage — abgeschlossen rings —
Der Draht nach Berber abgeschnitten uns,
Vereinsamt, ohne Mittel der Verbindung —
Ja, Kinder, seht, ich muß wohl ein Genie sein,
Da ich aus Luft Armeen kneten soll!
Ich fordre Geld und man verweigert mir's!
Ich weise nach, daß Sebehr helfen könnte,
Und diese Menschenfreunde weigern ihn!
Ich fordre Mannschaft und man drahtet klüglich,
Ich dürfe auch auf keine Mannschaft rechnen,
Damit man vor der Welt den Schein erhält,
Als ob Egypten und der Sudan uns
Nichts gelte — daß man stolz verkünden kann,
Europas Frieden sei die Politik —!
Und mich und Euch läßt man wie Ausgestoßne
Am Abgrund — und Pilatus wäscht die Hände —!

(Er zerknittert die Depesche.)

### Stewart.

Verlassen also! Von dem Vaterlande
Verlassen — doch nicht ohne deine Schuld, mein Feldherr!

### Gordon (reicht ihm die Hand).

Mein treuer Stewart — reicht die Hand mir, Power —
Der Mensch hat noch ein größres Vaterland!
Und dieses größre Vaterland in uns,
Das nicht mit äußeren Gebärden kommt,
Das wird uns nicht verlassen, wenn wir selbst
Es nicht verlassen —! Stehn wir einsam auch

Und sehn den sichern Untergang vor uns,
In den uns Mißverstand und kleine Klugheit
Hinabstürzt — trauen wir der höhern Weisheit
Und thun wir, was der Tag von uns verlangt.
Sie meinen's ehrlich auch, die uns verlassen,
Verrath am Guten scheint, was wir verlangt;
Das höhre Gute konnten sie nicht fassen,
Denn sie verstehn es nicht. Ich sage Amen..
(er geht langsam nach links ab).

Sechster Auftritt.

**Iphigenie** stürzt aufgeregt vor und wirft sich stumm in **Powers** Arme.

Hansal.

Doch unsre Lage wird darum nicht besser!
Was soll aus allen diesen Menschen werden,
Die hier in grauenvoller Sorge schweben
Und die sich Alle hätten retten können!

Power (Iphigenie haltend, bitter).

Nun wahrlich, wäre Gordon Pascha klug,
Er kehrte der Verrätherstadt den Rücken,
Wo feige Sorge ihm die besten Pläne
Vereitelt und die Angst um's liebe Ich
Um Stolz und Ansehn Euch und Alle bringt.
Recht that er dran, denn nur ein kühner Geist
Kann allen diesen Widerspruch besiegen!

Stewart (der eine neue Zeitung aufgeschlagen).

Ja, und wahrhaftig! Er kann gehn und soll es!
Seht, was vor Wochen schon geschrieben steht,
Und wozu nun ihm jedes Recht gebührt.
Im Parlamente Englands wird erklärt

Frei stehe Gordon jeden Augenblick
Sein Amt hier abzuthun und heimzukehren!

    Power (sich losmachend von Iphigenie).

Das wird gestattet?

    Stewart.

  Ueberzeugt Euch selbst.

    Power.

Nun dann, dann darf er keine Stunde bleiben.
Dann soll er ziehn, dann muß man ihn bestürmen,
Daß er die Zeit benutzt, die kostbar bleibt,
Ein Schiff besteigt und an den Kongo wandert!
Von dort soll er die Macht des Mahdis treffen —!

    Iphigenie.

Das soll er thun — das ist ein Wink des Himmels —!


    Siebenter Auftritt.

**Gordon** tritt wieder auf. Er trägt in der Hand seine Tagebücher. **Vorige.**

    Gordon.

Mein lieber Stewart und mein lieber Power,
Ich bringe Euch ein ernstliches Vermächtniß
In das Vertrauen Eurer treuen Hände.
Schlaflos in mancher Nacht hier schrieb ich auf
In Tagebüchern, wie wir schwer gerungen,
Und was, um diese Wirrnisse zu lösen,
Zu thun das Richtige gewesen wäre.
Es kam die Zeit, daß wir uns trennen müssen —

#### Power (mißverstehend).

Ja, trennen —

#### Iphigenie (ängstlich).

Trennen!

#### Stewart.

Doch nicht ich von Dir.
Wo Du bist, bin auch ich, wo Deine Füße
Auch wandeln, wird mein Schatten bei Dir sein —
Wir trennen uns doch nicht, mein alter Freund —!

#### Power.

Doch wenn es sein muß, wenn er thut, was jetzt
Allein noch frommen kann —!

#### Gordon.

Ja, meine Lieben,
Am Strande liegt ein wackres Schiff befrachtet,
Die Wimpel flattern hoffend in die Bläue
Des Himmels und es qualmt der weiße Rauch schon,
Der Euch in Eure Heimath tragen soll.
Besteigt den Abbas, unser schmuckes Dampfboot,
Nehmt diese Bücher als Vermächtniß mit
Und kommt Ihr glücklich auf dem Nil nach Norden,
So schildert aller Welt mit Feuerzungen
Wie hier die wahre Lage ist und was
Wir dulden hier und wie wir sorgend harren,
Ob man uns doch noch Hilfe senden wird.
Lang habe ich das Unglück hingezögert
Und Stillstand kam in dieses Mahdis Sieg.
Doch nicht mehr lange kann ich das vollbringen,
Ich bin ein Mensch — ich kann nicht Alles thun —
Es müssen Andre helfen in der Noth —!

#### Power.

Und wie? Da schickst Du uns und läßt uns ziehn?
Uns willst Du retten! Sag es nur heraus!
Uns willst Du ruhmlos heim nach England senden!
Nein, Du mußt gehn! Du mußt Dich für uns schonen!
Wirf ihnen Deinen Auftrag vor die Füße!
Geh an den Kongo, bilde dort ein Heer
Und fasse diesen Mahdi in den Rücken!
Du kannst und sollst es, frei kannst Du Dich wenden,
Und ihre Staatskunst mag in sich zerscheitern —
Geh an den Kongo, lies, was man erklärt hat —

(Reicht ihm das Blatt.)

#### Gordon (liest und stutzt).

Ich könne jeden Augenblick mein Amt
Hier niederlegen und nach England heim — (finster brütend)
O, niemals mehr betret ich diesen Boden,
Wo solch ein Schimpf geschehn vor aller Welt —
Mein Heimathland, mein England, nimmer will ich
Dich wiedersehn —

(Er versinkt in schmerzliches Nachsinnen.)

#### Power.

     Nein, an den Kongo gehst Du,
Dort harret Dein ein größres, heil'ges Werk,
Wirst dort der Sclaverei grausames Elend
Für immerdar besiegen — geh, und ziehe —

#### Gordon.

Zum Kongo? Ich?! — Das wär ein großes Werk,
Ein Blüthentraum, wert einer Mannesthat!
Mein schöner Strom! Mein Kongo! Deine Wellen
Sie eilen schäumend über Kataracte,
Urwälder von Lianen eingesponnen
Mit ew'ger Nacht umschatten Deine Ufer,
Es trieft vom Gummibalsam mild der Stamm,

Die Rebe wuchert wild und reicher Segen
Ruht aufgespeichert für der Menschheit Zukunft.
Ja, köstlich müßt es sein die keuschen Quellen
Der unentheiligten Natur zu schöpfen
Wie Moses aus dem Felsen schlug die Labe,
Der Völker alte Knechtschaft zu beenden
Und in den Segen, den Natur verschüttet,
Der Menschheit schönern Segen einzupflanzen!
O Kinder, Freunde, woran mahnt ihr mich —!

### Iphigenie.

Drum ziehe hin und spar Dich für ein Werk,
Das alle unsren sanften Träume birgt,
Laß das Geringre um des Größern willen
Und steige auf das Schiff, das Dich zum Süden
Zu schönern See'n und reinern Gipfeln trägt —

(Es treten von draußen eine Anzahl Frauen mit ihren Kindern auf und stellen sich sorgenvoll in das Bogenthor. Auch Männer sammeln sich allmählig an.)

### Gordon.

Schön müßt es sein.

### Power (triumphirend).

Er geht, es ist beschlossen!

### Gordon.

Doch sieh, mein gutes Mädchen, hast Du auch
Bedacht, was dann aus diesen Allen wird
Die draußen angstvoll drängen auf der Straße?!
Schön wär's zu gehn — doch ging ich, in fünf Tagen
Wär diese Stadt in der Gewalt des Mahdis
Und grenzenloser Jammer bräch herein.
Schön wär's — — Doch läßt der Kapitän sein Schiff?
Denn Alle diese warteten auf mich,
Um meinetwillen sind sie hier geblieben
Und darum muß nun ich bei ihnen bleiben.

Stewart.

Das größre Werk — das größre Werk, mein Feldherr,
Du mußt das Kleinere dem Größern opfern —!

## Achter Auftritt.

**Faragh** tritt links auf, steht bei Seite. **Vorige.**

Gordon (legt Stewart die Hand auf die Schulter).

Mein lieber Stewart, sieh, es ward beschlossen,
Daß auf der Erde seiner schönsten Hoffnung
Zumeist der Mensch entsagen muß hienieden.
Wir müssen lernen unsren höchsten Traum,
Den Stern, der uns als letztes Ziel geleuchtet
Verlöschen sehn, wenn kühl der Morgen tagt
Und uns die nächste Pflicht an's Heute fesselt.
Und wenn sie auch mein Amt mir freigestellt,
Die Pflicht, die ich mir selber auferlegt
Die schmiedet mich mit ehrnen Ketten fest
An diesen Ort des Schicksals und der Noth
Das ist nicht groß, die Kleinen aufzuopfern
In großer Sache, nein, sich selbst zu opfern
Für das Geringste, das ist Herzenspflicht.
Ich bleibe hier bei denen, die auf mich
Gewartet, will mit ihnen leiden, sterben —!

Faragh (entsetzt).

Er bleibt —!

Iphigenie (stürzt erschüttert Power an die Brust).

O, dann, mein Liebster, muß ich nun Dich lassen —
Er ist so grausam, wie er gütig ist —!

Gordon.

Zieh mit ihm, gutes Mädchen, geh zu Schiffe —!

Ich aber, seht, ich stehe hier im Namen
Von Englands Ehre, meines Vaterlands,
Das niemals mehr mein Fuß betreten wird —!
Dort hat der Mißverstand etwas beschlossen,
Was nicht für dieses Landes Ehre taugte,
Und weil ich besser hier die Welt verstehe,
Bleib ich zur Ehre meiner Heimath hier.
Seid klug und hütet Euch an's Land zu gehen —
Erreicht den Norden — dann kann Alles noch
Zum Guten enden — lebet wohl, Ihr Theuren —!

### Faragh (entsetzt).

Er bleibt —!

### Iphigenie.

Nicht Ich! Ich bleibe hier. Den Mann, der mir
Die Freiheit gab, den will ich nicht verlassen!
O Liebster, Liebster, sieh, wir müssen scheiden —!
Doch wenn Du Hilfe bringst, so ruh ich dann
In Deinen Armen bis ans Ende aus —!

### Power.

Mein Heldenmädchen — sieh, ich bin so stolz,
Daß ich Dich lassen muß —, das Wort erstickt mir —!
(Er bricht in heftiges Schluchzen aus; ermannt sich und küßt sie nochmals heftig.
Dann reicht er Gordon stumm die Hände. Stewart, von dem Anblick der Scene
tief erschüttert, nimmt aus Gordons Hand die Tagebücher.)

### Faragh (vorn links).

Nun wär es Zeit wohl, daß der Freund sich fände,
Der ihn verräth zu seinem eignen Heile
Und ihn für Größeres der Welt erhielte —!
Was soll ich thun?! Was werd ich thun?! (Erschaubernd).
Sie kommen!

## Neunter Auftritt.

**Hagi** und die **Derwische** von links. Der eine Derwisch trägt ein europäisches Feierkleid auf dem Arm, der andere ein Fagir=kleid: Giubba, Turban, Gürtel u. Sandalen. Sie wenden sich an Faragh und geben ihm ein Zeichen.

### Faragh.

Gewährt, mein Gouverneur, daß diese Männer,
Die sich des Mahdis Abgesandte nennen,
Vor Deinem Antlitz eine Botschaft melden.

(Bewegung).

### Gordon.

Des Mahdis Boten? Ich begrüß die Männer,
Sie mögen friedlich ihre Meldung thun.

### Hagi.

Ich preise Allah, daß ich seh das Antlitz
Des Manns, den man den guten Pascha nennt.
Mein Herr, der Mahdi, ist Dir tief gewogen.
Du schicktest diese Kleider zum Geschenk
Des Friedens? Ist es so?

(Er weist auf den ersten Derwisch.)

### Gordon.

So ist's.

### Hagi

Du botest
Dem Gottgesandten an den Westen Sudans

Und willst zum Sultan machen ihn des Lands?
Versprachst den Sclavenhandel freizugeben
Und freien Durchzug aller Mekkapilger —?!

### Gordon.

Dies that ich — ja —

### Hagi.

So spricht mein Herr, der Mahdi:
Nimm dies Geschenk zurück! Wie kannst Du wagen
Zu schenken ihm, was Allah selbst ihm aab?
Die Erde, wo Du stehst, ist schon des Mahdis!
Wer ihm nicht folgt, geht elend drum zu Grunde,
So gings dem Jussef Pascha, so dem Hicks.
Auch Du fährst noch dahin wie Spreu im Winde.
Drum sendet als Geschenk der Mahdi Dir
Dies Fagirkleid, dies Derwischbußgewand
Und lädt Dich ein dies Kleid Dir umzuthun
Und zu ihm pilgernd Dich ihm anzuschließen.
Er weiß, Du bist von aller Welt verlassen,
Wir kannten Eure Hiobsposten längst

(Mit tiefer Ironie).

Und da wie ein Moslem Du schon die Sclaven
Uns lassen willst — so werd es nun auch gänzlich —

(Der Derwisch überreicht Gordon Gürtel, Turban und Giubba).

### Gordon (nimmt sie entgegen).

Ist Deine Botschaft aus?! — Ich könnte wohl
Dies Derwischkleid mit stiller Ruhe umthun,

(Er legt die Giubba halb um.)

Denn sieh, ich trug schon manches andre Kleid.
Einst trug ich selbst das Mandaringewand
In China und es fehlte nur der Zopf

Und Gordon, der Chinese, hieß ich dort

(Er versucht den Gürtel.)

Es macht Nichts aus, welch Kleid der Mensch sich anthut,
Wenn nur, was drunter ist, der Mühe werth ist.
Doch sieh — dies Kleid ist mir zu eng, (stark.) es reißet
Der Gürtel, heft ich ihn um meine Lenden —

(zerreißt den Gürtel.)

Der Gürtel ist nicht echt, wie Dein Prophet
Nicht echt ist, der mit neuem Wahn die Völker
Betrügt und nur ein Hohn ist auf die Zeit,
Die solche Spukgestalten zeugen muß —!
Und sieh, auch dieser Turban ist zu eng mir,
Denn wär ich auch von aller Welt verlassen,
Ich wollte lieber mich in Lumpen kleiden,
Als im Gewand der Lebenslüge gleißen,
Um einen Hohlkopf in dies Loch zu stecken —!

(er wirft den Turban und die Gürtelstücke nebst Giubba zur Erde.)

Sag Deinem Herrn, wir werden ihn erwarten

(auf den Boden weisend.)

Und diese Antwort bringt ihm noch dazu —!

(Die Derwische ziehn die Säbel.)

Die Schwerter in die Scheide! Laßt sie ruhn —!
Zieht heim! Man soll euch ungehindert lassen,
Mein treuer Faragh haftet mir für Euch.

(er kehrt ihnen den Rücken und geht langsam nach links ab.)

Hagi (hat sein Schwert gezogen).

Bei Allah und dem Mahdi — diese Schmach
Wir rächen sie — nun giebt es keine Gnade!
Ihr Alle, betet jetzt für eure Seelen,
Denn eure Leiber sind dem Tod geweiht!

Der Gürtel ist zerrissen, doch die Langmuth
Riß auch damit, die der Prophet gehegt,
Und er wird selbst auf diese Unglücksstadt
Sich niederstürzen nun wie Feuerregen —!
(Die Derwische und Hagi gehen mit erhobenen Schwertern ab, während ihnen
die Andern entsetzt nachblicken.)

Faragh (währei.d dessen, links vorn).

Nun muß es sein! Nun muß Verrath ihn retten!

(Vorhang fällt.)

## Vierter Aufzug.

Der Saal wie vorher, auf einem Seitentische ist ein Telegraphen-
apparat aufgestellt.

### Erster Auftritt.

Gordon (sehr aufgeregt).

Ein Räthsel! Unverständlich und empörend!
Was soll ich denken — wie erklären soll ich's —
(er klingelt heftig).

### Zweiter Auftritt.

Von rechts ein **Diener**, von links **Iphigenie** mit einem Korb
voll Brode.

Gordon (zu dem Diener).

Wißt Ihr, wo dieser Faragh Pascha steckt —?

Diener.

Er ist nicht hier —

Gordon.

Nicht hier. Wo ist er denn?!

Man soll ihn augenblicklich suchen — soll
Ihn unverzüglich her zu mir beordern — (sieht nach der Uhr.)
In einer halben Stunde längstens — vorwärts —!
Ich muß ihn sprechen — es ist unverständlich —!
(Diener ab.)

Iphigenie.

Ihr seid erregt — Ihr macht mir Sorge, Herr —!

Gordon.

Es ist wohl eine Zeit der bangsten Sorge!
Vom Mahdi selbst umschlossen nun die Stadt,
Belagert mit den schwersten Kruppgeschützen,
Und drüben unser Fort Omdurrmann schon
In Händen dieser wüthenden Rebellen —
Dies Alles — und nun muß ich noch entdecken,
Was mir das schwerste Räthsel ist von Allem —!

Iphigenie (setzt beängstigt ihren Korb ab).

O wäre Stewart, wär mein Power hier,
Daß Etwas Treue nur Dich noch umgäbe —!
Verrath schon wieder —?!

Gordon.

Ja, mein gutes Mädchen,
So scheint es fast. Ich mache heut die Runde
Und komme auf das Westfort, das ich Faragh
Vertrauensvoll schon lange überwiesen —
Was seh ich! Weite Breschen rings im Bollwerk,
Die freilich nicht so leicht sind zu entdecken,
Das Ganze nur von Wenigen bewacht —
Und wie ich nach dem Kugelvorrath forsche,
Seh ich, daß nur viertausend noch vorhanden,
Wo Faragh mir versichert, daß der Vorrath
Zu hunderttausend noch sich häufen sollte —!

#### Iphigenie (tritt zurück).
Was wirst du thun —?!

#### Gordon.
Er soll mir Rede stehn!
Ich will den Dingen auf den Grund gehn — find ich
Den Mann nicht so, wie ich ihn mir gedacht,
Ich möchte nicht in seiner Haut verderben —!

#### Iphigenie.
Es wäre das Entsetzlichste! — Mein Feldherr,
Warum hat uns der Himmel so verlassen?!
Warum von unsren Freunden keine Kunde —
Warum mein Power fern — kein Brief, kein Wörtchen —
Und keine Hilfe Englands — ach, warum
Die bittre Noth in dieser Stadt, der Hunger —
So mancher Monat ging in's Land vergeblich —!
Und ich muß nun mit diesen Broden gehn,
Und muß die Aermsten speisen, und ich weiß nicht,
Wie lange noch die karge Nahrung dauert
Und wann das letzte Brod verschenkt wird sein!
Und dann —?
(sie nimmt ihren Korb mit den Broden und geht durch die Mitte ab).

#### Gordon (sieht ihr nach).
Ja — dann —! — Und Faragh, welch ein Räthsel!
(er geht links ab).

### Dritter Auftritt.
**Hagi** tritt vermummt auf, sieht sich gespannt um und winkt dann
**Faragh**, der hinter ihm kommt.

#### Hagi (gedämpft).
Herein nur, Pascha, es belauscht uns Niemand —!

#### Faragh.

Macht schnell — Ihr irrt Euch — ich bin kein Verräther —
Noch that ich Nichts.

#### Hagi.

Ihr habt nur unterlassen.
Jetzt hört! Was ich euch heut verrathen muß,
Das sollt Ihr schweigsam wie die Nacht bewahren.
Denn schweigt Ihr nicht, so wird man Euch verrathen.
Es ist die höchste Zeit, daß Ihr die Stadt
Uns überliefert, rechnet Ihr für Euch
Und für den Pascha Gordon noch auf Gnade.

#### Faragh.

Die höchste Zeit —!

#### Hagi.

Vernehmt, doch schweigt — ich rath Euch!
Ein englisch Heer rückt zum Entsatz heran —

#### Faragh (auffahrend).

Entsatz?! Ein englisch Heer?!

#### Hagi.

Macht Euch nicht Hoffnung.
Genug, wir wissen, daß in England sich
Die Meinung änderte für Gordon Pascha.
Da er so heldenhaft die Stadt vertheidigt,
So männlich sich geopfert für sein Land,
So hat das Volk von England länger nicht
Die Schmach ertragen und man hat ein Heer
Gerüstet, das die Stadt entsetzen soll.
Es nahet Wolseley auf dem Nilstrom schon.
Mit Booten aus Kanada streben sie
Den Strom hinauf, um Khartum zu erreichen,
Die Kataracte überspringen sie
Wie Fische an der Lachswehr und sie meinen

Mit ihrer Macht zu retten diesen Gordon.
Ich sag Euch, schweigt davon! Kein Wort darf Gordon
Erfahren — denn Ihr seid ein Kind des Todes —!

### Faragh.

Und nun?!

### Hagi.

Nun wird es Zeit, daß Ihr die Stadt
Gutwillig uns und schleunig übergebet,
Damit Ihr Gordon rettet vor dem Schlimmsten!

### Faragh.

Doch Gordon wird die Stadt noch lange halten
Und halten, bis der Lord uns doch erreicht —!

### Hagi.

Drum eben darf er Nichts davon erfahren.
Verderblich nur für Euch wird der Entsatz.
Verrathet's nicht — denn thut Ihr das, so schöpft
Die Stadt und Gordon neue Hoffnung, sucht
Auf's Aeußerste zu schützen diese Festung,
Erschöpfet unsre Langmuth, nöthigt uns
Das Gräßlichste zu thun, mit Sturm und Plünderung
Die Stadt zu überfallen — ganz entsetzlich
Wird die Verwüstung sein — Ihr seht es selbst —

### Faragh.

Das Westfort ließ ich liegen, wie Ihr wünschtet —!

### Hagi.

Wir wissen's, doch so lange Gordon selbst
So wachsam ist, so lang die Telegraphen
Das Fort verbinden hier mit dem Palaste,
Kann Gordon stets zur rechten Zeit gewarnt sein.
Ihr müßt uns mehr gewähren! — Doch zuvor

Versucht der Mahdi nochmals es im Guten,
(holt ein Schreiben hervor).
Dies Schreiben händigt Gordon Pascha ein,
Es steht darin die schlimmste neue Nachricht:
Der Tod von Stewart und des Konsuls Power.

Faragh (bestürzt).

Der Tod?!

Hagi.

Ihr werdet das gleich weiter hören.
Alle ihre Briefe, Bücher und Depeschen
Sind ausgeliefert in des Mahdis Hände.
Und somit hält sich Gordon für verlassen,
Muß sich für gänzlich abgeschnitten halten
Ihr wißt, was ihm der Mahdi bieten läßt,
Bestimmt ihn friedlich sich zu übergeben.
(reicht ihm den Brief).

Faragh (nimmt ihn, steckt ihn zu sich).

Und Power — Stewart, alle Beide todt?!

Dritter Auftritt.

**Iphigenie** durch die Mitte, ihr Korb ist leer. **Vorige.**

Hagi (weitersprechend, ohne sie zu sehen).

Im Anfang war die Fahrt des Abbas glücklich —

Iphigenie (im Hintergrunde).

Des „Abbas"? Wo mein Power fährt —?

Hagi.

                              Weil mit ihm
Das Nilgeschwader Gordons abwärts fuhr.

Als sie vor Berber dann vorüber mußten
Bewarfen sie mit Bomben uns die Stadt.
Allein fuhr dann der Abbas nördlich weiter.
Da aber traf die Rache sie des Höchsten —

### Iphigenie (beängstigt).

Die Rache —! — O, verlaß mich nicht, mein Glück —!

### Hagi.

Es war im Land des Soliman Wad Gamr,
Der dort ein Scheik ist an des Stromes Ufer,
Als auf den Grund der Dampfer Abbas stieß
Und seine Schrauben kraftlos ihm zerbrachen.
Auf Rettungsbooten ging man an das Land —

### Faragh.

An's Land?! Wo Gordon stets davor gewarnt?

### Hagi.

Zunächst auf eine Insel. Doch die Leute
Des Scheiks Wad Gamr lockten sie hinüber
Und riefen: Gebt uns Frieden, gebt uns Korn!
Da warf der Oberst Stewart die Kanonen
Und allen Schießbedarf in's Bett des Stromes
Und ging mit Power und mit zwanzig Griechen
An's Land, um von dem Scheik Kamele kaufend
Im Hause eines blinden Fagirs sich
Die Reise durch die Wüste neu zu sichern.
Nun hört, wie Allah die Verräther strafte!
Es wußte Soliman, wie sie zuvor
In Berber Bomben warfen. Treu dem Mahdi
Beschloß er, diese ganze Brut zu tödten —

### Iphigenie (tritt entsetzt vor).

Zu tödten —! Mensch, doch das ist nicht geschehen —!

Hagi (tritt befremdet zurück von ihr).

Wie es geschah, will ich Euch nicht verschweigen.
Es forderte der Scheik, daß sie am Ufer
Die Waffen sollten niederlegen, weil
Sonst Furcht die Uferwohner würde schrecken,
Und alle legten ihre Waffen ab.

Iphigenie.

Sie legten —!

Hagi.

Allah schlug mit Blindheit Alle.
Nur Stewart trug im Rocke den Revolver.
Und als sie nun den Handel schließen wollten,
Da schwenkte Soliman den Wassereimer
Zum Zeichen. Aus dem Hinterhalte fielen
Mit Speeren seine Leute auf die Frevler
Und metzelten sie Alle wüthend nieder
Sammt Stewart, schlugen Hände ab und Köpfe,
Die Leichen wurden in den Strom geworfen —

Iphigenie.

Und Power —! Er —! Mein Bräutigam — mein Power —!

Hagi.

Ihr Bräutigam? O, Fräulein, hätt ich das
Gewußt, so schwieg ich — er ist hin auf immer —
Und breit und tief sind dieses Nils Gewässer —

Iphigenie.

Ja — breit und tief — breit wallen die Gewässer
Des Stroms — breit fließt die Qual des Herzens mir —
Mein Power — ach! wo bist du —! Eile nicht
So schnell — es quillt ein Strudel mir um's Haupt —
Es rauscht der Strom — wo bin ich — süßer Liebling —!

(Sie fällt in Ohnmacht. Faragh hält sie und legt sie auf dem Divan nieder).

#### Hagi (gedämpft).

Sie liegt in Ohnmacht — nützt dies Unglück, Faragh,
Sie wird Euch Gordon noch gefügig machen —!

#### Faragh.

Benützet Ihr die Zeit und macht Euch fort —
Ihr kennt den Weg — daß Niemand Euch erblickt —!

#### Hagi.

Und sorgt, daß ihm kein Zeitungsblatt aus England
Zu Händen kommt — zumal der „Standard" nicht,
Der ihm verriethe, daß die Hilfe naht.
Seid wie das Grab, sonst wühlt ihr Euch ein Grab!
Bis morgen rechnen wir auf Eure Nachricht.

(Er vermummt sich wieder und geht nach rechts ab).

## Vierter Auftritt.

#### Iphigenie (regt sich und schlägt die Augen wieder auf).

Wie ward mir —? War ich denn im Nil versunken?!
Und sagten sie denn nicht, er wäre todt?!
O, komm zurück, du dunkle Nacht der Sinne,
Nimm mich zurück in deinen weichen Schooß,
Daß ich nicht denken muß —! Könnt ich vergessen —!
Du bist dahin, mein Liebling. Weich umschlingt
Des alten Stromes heilge Fluthnacht dich —!
O, daß ein Strom von Thränen unaufhaltsam
Mich bis in's Meer verspülte des Vergehens —!

(sie weint).

#### Faragh.

Weint, gutes Fräulein. Weint Euch aus um ihn —!

### Iphigenie.

Nun ist die letzte Treue uns entflohn!
Wie einsam ist auch er nun! Ach, wie einsam!

### Faragh.

Die letzte Treue! (zagend.) Wer ist einsam, Fräulein?

### Iphigenie.

Der Held, der ihn, wie ich beweinen wird.
Die Treue ist nun ausgestorben ach!
Wie gern nun stähle ich mich aus der Welt
Und bärge mich im Schooß der ew'gen Nacht.

(sie erhebt sich langsam.)

Schweig still, du großer Schmerz! Einsamer Held
Laß mich nun bei dir harren bis an Ende,
Du Held im Dulden, der ihn auch verloren.
Die Treue starb — laß mich nun sein die Treue,
Die als die Schicksalsschwester bei dir ausharrt.

(sie nimmt den Korb auf.)

Leer ist der Korb — wie leer ist nun die Welt —!

(sie wankt langsam nach rechts ab.)


## Fünfter Auftritt.

### Faragh (ihr nachsehend).

Die Treue starb —! Wie mich das Wort vernichtet!
Soll ich ihm melden, daß die Rettung naht?
Doch thät ich's — wär' es denn zu seinem Heile?
Stürzt ich ihn nicht nur tiefer in den Abgrund?
O Allah — Allah! zeige mir den Ausweg,
Der diese Qualen endet! — Da! — Er kommt —!

## Sechster Auftritt.

**Gordon** tritt von links ein. Er trägt sein Bambusrohr in der Hand. **Faragh.**

### Gordon.
Da ist er schon —! Ich ließ Euch rufen, Pascha —!

### Faragh (verwirrt).
Ihr ließet mich?! — Es ward mir Nichts vermeldet.

### Gordon.
Doch — Ihr seid da. Gut denn. — Wo wart Ihr denn?

### Faragh.
Wo stets ich bin zu finden — auf dem Westfort.

### Gordon.
Ich hab ein Wort mit Euch zu reden. Setzt Euch.
(Faragh zögert.)
Ich bitte, setzt Euch. — Wollt Ihr stehn? Auch gut.
Was meint Ihr, können wir die Stadt noch halten?
(Er setzt sich. Faragh steht.)
Man läßt uns hilflos. Wären Alle treu,
So wär es ja wohl lange Zeit noch möglich,
Daß wir der Wuth des Feindes widerständen.
(Er legt den Bambusstab neben sich.)

### Faragh.
Man läßt uns hilflos — aber — wenn nun doch —!

### Gordon.
Ich glaube nicht daran. Es ist unmöglich.
Wir dürfen nur noch auf uns selber rechnen.

#### Faragh.

So ist's. Wir dürfen nur auf uns noch rechnen.
Ich meine wohl, man könne lange noch
Die Stadt, trotz dieser Hungersnoth, erhalten,
Wenn man sich Aller derer zu entledigen
Vermöchte, die an unsrem Brode zehren,
Wenn man die Sudanesen, die hier wohnen,
Mit Weib und Kind dem Mahdi überschickte
Und seiner Gnade menschlich anbeföhle —
Denn er ist gnädig —

#### Gordon (rasch).

So. Wie wißt Ihr das?!

#### Faragh.

Ich denke nur.

#### Gordon (verhalten).

Ihr denkt nur. Gut. Ihr sollt
Der Mann sein, der mir diesen Plan ins Werk setzt.
Wie lange meint Ihr kann man dann sich halten —

#### Faragh.

O Herr, so lange fürcht ich, daß die Wuth
Des Mahdis keine Grenzen kennen wird.
Je länger wir uns halten, desto schlimmer
Muß, wenn wir endlich fallen, unser Loos sein —
Und darum, wenn Ihr mir ein Wort vergönnt —

#### Gordon.

Sagt Eure Meinung nur heraus —

#### Faragh (zieht das Schreiben heraus).

Gewähret,
Daß ich Euch dieses Schreiben überreiche,
Es kommt vom Mahdi —

Gordon (nimmt's, legt es auf den Tisch).

  Wie? Vom Mahdi?! — (scharf) Seltsam.

  Faragh (ungewiß).

Es wurde mir durch Boten überbracht,
Die ohne meine Ahnung eingeschlichen —

  Gordon.

Nun? Und?!

  Faragh.

  Dies Schreiben bringt uns eine schlimme Post.
Verzeiht, ich kann nicht reden — kann's nicht sagen —
Es ist zu bitter — Ihr, Ihr werdet lesen —

  Gordon (schwer athmend).

Nachher. — Was habt Ihr mir zu sagen noch?

  Faragh.

Ich rathe jetzt die Stadt zu übergeben
Und Euch der großen Gnade zu befehlen
Des Mahdis, der Euch hohen Vortheil bietet.
Er will Euch an den Kongo ziehen lassen,
Er will vergessen Alles, was geschehn ist,
Wenn Ihr ihn nicht mehr zwingt zum Aeußersten,
Daß er zuletzt Euch selber opfern müßte —
Denn schrecklich würde dieses Ende sein —!

  Gordon (forschend).

Und glaubt Ihr denn, der Mahdi würde halten,
Was er verspricht —?

  Faragh.

  Er läßt es Dir versichern.

  Gordon (rasch).

Durch wen?

### Faragh.

Durch mich.

### Gordon.

Durch Euch? Das find ich seltsam.

### Faragh.

Herr, Euer Bestes hab ich stets gewollt —!

### Gordon.

Mein Bestes, so. — Doch sagt, wie kommt der Mahdi
Dazu, mir seine Gnade anzubieten,
Da ich doch in die Stadt die Kunde sandte
Ein englisch Heer sei zum Entsatze nahe,
Das uns zuletzt noch Rettung bringen müsse.
Wie kann der Mahdi da von Gnade sprechen?

### Faragh.

Ihr wißt zu gut, mein Feldherr, daß Ihr selbst
Erfunden diese Nachricht, um die Hoffnung
In den Gemütern frischer anzufeuern,
Um Geld und um Vertrauen zu erlangen,
Und länger hinzuhalten diese Stadt.
Doch wahr ist es ja nicht gewesen, Pascha —

### Gordon (verhalten).

Nein, Du hast Recht. Es war die Wahrheit nicht.
Doch Du nur wußtest, daß ich hilflos bin,
Nur Du warst eingeweiht in dieses Mittel,
Das unsre bittre Noth entschulden muß.
Wahr ist es nicht — doch wie, wie kann der Mahdi
Bei alledem mir jetzt von Gnade sprechen?
Weiß er denn auch, daß keine Hilfe kommt?

### Faragh (im heftigen Kampfe).

Wie? Ob er weiß, daß keine Hilfe kommt?

Gordon (schärfer).

Nun ja! Denn das erklärt nur seine Frechheit —!

Faragh.

Ich denke wohl, er weiß, daß keine Hilfe —

Gordon (sehr rasch).

Doch wie — durch wen —

Faragh.

Durch mich, mein Feldherr, nicht!
Denn —
(Er will reden.)

Gordon.

Schweigt. Kein Wort. Noch eine andre Frage.
Erklärt mir doch, warum Ihr so geflissen
Mich mahnt die Stadt zu übergeben, Pascha —
Ihr seid doch ein Soldat und kennt die Pflicht —!

Faragh.

Gewiß, mein Gouverneur. Doch wenn die Noth —

Gordon.

Wie viel doch Kugeln hatten wir am Westfort,
Es war ja noch ein hübscher Vorrath, denk ich —

Faragh (rasch).

Ja, Hunderttausend —

Gordon.

Richtig, ja. Ihr sagtet's.
Nun seht, wie wundersam das Alles scheint.
Die Noth muß wahrlich groß sein, die Gefahr,
Daß uns der Mahdi plötzlich überrumpelt
Denn seht! da heute ich die Runde mache

Und auf das Westfort komme, finde ich
Dies Fort schier unbedeckt, entdecke Breschen,
Und Kugeln fand ich nur viertausend noch —
Und nun erklärt — das Fort ist ja das Eure —

Faragh (stotternd).

Wir brauchten Alles auf — noch heute wollt ich
Euch Meldung machen — denkt nichts Schlimmes, Herr —!

Gordon (springt wüthend auf, ergreift den Bambus).

Nichts Schlimmes —! Denk ich das? Wer sagt Euch das?
Wo ist der Bote, der den Brief gebracht?
Warum erschien er nicht vor meinen Augen?
Wo sind die Kugeln hin?! Wie weiß der Mahdi,
Daß ich hier gänzlich ohne Hilfe stehe
Und England uns im Stich läßt! Wie — wie ist das —!?

Faragh (mit erhobener Stimme).

Herr, wenn Ihr ahntet — Herr, ich meint es gut —!

Gordon.

Gut?! Wolfsgesicht, erblassest du —? Nun, siehe,
Auch ich, ich meine es so gut mit Dir,
Daß ich dich züchtige, du Sclavenseele —
(er erhebt die Hand und schlägt Faragh mit dem Bambusstabe über den Kopf,
so daß er ihm das Fez herabschlägt).
Mit diesem Zauberstabe Gordons, Sclave,
Mit dem ich China niederschlug und Euch,
Will ich dich züchtigen — Verräther du —!

Faragh (ist von dem Schlage zurückgetaumelt und stößt einen wilden Schrei
aus. Dann starrt er Gordon eine Weile entsetzt an).

Du schlugst —! Du nanntest einen Sclaven mich!
Du schlugst den freien Mann, du schlugst den Faragh?
Entsetzliches hast du gethan! Entsetzlich

Hast du beschimpft den besten deiner Freunde!
O du Verblendeter — du blinder Mann —!

### Gordon (bebend).

Schweig — oder du bist ganz verloren, sag ich!

### Faragh.

Du nennst mich Sclave, du erniedrigst mich,
Der alle Sclaven frei zu machen kam?!
O Hohn und Lüge! Sieh, da kams heraus!
Da kam's heraus! Wie lügnerisch du bist!
Du hast mich frei gemacht, du wolltest Alle
Befrein und fällst zurück doch in die Schande
Der Unterdrücker, die in geilem Hochmuth
Mitmenschen in die Sclavenfesseln schlagen!
Das ist dein Manifest — da kommts heraus!
Freimachen wollt Ihr uns, um dann die Herren
Zu spielen über freigemachte Sclaven —
Da wallt dein Blut und sprüht verrätherisch,
Was dir und Allen Euch im Blute steckt —!

### Gordon (stark).

Ihr seid es auch nicht werth, daß man Euch freimacht —!
Wie kannst du dich rechtfertigen — versuch's!
Ich will dir glauben, doch du kannst es nicht. —

(Von draußen treten Hansal, Nicola, Klein und ein Haufen verhungerter Gestalten auf die Treppe und kommen heran mit drohenden Gemurmel).

### Faragh.

Rechtfertigen ich?! Nachdem du mich geschlagen?
Das sollte eine Sclavenseele thun?
Ich sage, fürchte diese Sclavenseelen,
Denn ich, ich will mich solcher Art rechtfertigen,
Daß alle Welt davon erzählen soll!
Verräther nennst du mich?! — Niemals vergeß ich
Den Schimpf, den du dem Sclaven angethan!

(er stürzt rasend fort).

## Siebenter Auftritt.

**Hansal, Nicola, Klein, Gordon.** Das Volk eindringend.

Gordon (legt den Bambus wieder auf den Tisch).
Hätt ich ihm Unrecht doch gethan?! — Was sagt er?!

### Hansal.
Sir, was ist hier geschehen! Welch ein Streit!
Welch grenzenlose Raserei des Paschas!

### Nicola.
Man muß versuchen, rasch ihn zu versöhnen —

### Gordon.
Wir wollen sehn — nehmt auf dies Fez und bringt's ihm —
Ich ließe sagen ihm, er könne sich
Vor mir und diesen Herren reinigen,
Und sei er schuldlos, würde ich die Hand
Ihm reichen zur Versöhnung —

### Nicola.
Herr, ich eile.
Gewährt zuvor die Briefe anzunehmen,
Die hier in diesem Blatt sind eingeschlagen —
(er reicht Gordon ein kleines Packet, welches in eine alte Zeitung eingeschlagen ist. Gordon nimmt es. Nicola hebt das Fez auf und geht ab).

### Gordon (die Briefe auswickelnd).
Noch Briefe, längst verspätet wohl. — Der „Standard"
Als Einschlag — alte Zeitungstrümmer — später —!
(er behält das Packet in der Hand, indem er es wieder einschlägt).
Was drängt sich diese Masse hier herein?!

### Klein.
Wir wollen Brod! seht unsre Leiber an!
Wir zehren längst von Ratten und vom Abfall,

Den eure Regimenter uns geschenkt,
Herr, übergebt die Festung, rettet uns —!

### Gordon.

Doch warum dieses finstre Drohn und Murmeln?

### Hansal.

Es wird verbreitet ein Gerücht, Ihr hättet
Getäuscht uns mit der nahen Hilfe Englands,
Nun aber sei die Hilfe nicht gekommen —
Und darum will man, daß Ihr übergebet —!

### Gordon.

Sagt selbst, ihr Herrn, erlaubt das unsre Ehre?!
Ja, hätt ich solch Gerücht verbreitet fälschlich,
Geschah es nicht um unser Aller Ehre?!
Seid schlangenklug und ohne Falsch wie Tauben,
Sprach nicht ein Größerer einst dieses Wort?
Verloren seid Ihr doch, auch wenn die Stadt
Wir heut noch übergeben, denn der Mahdi
Wird Eure Köpfe doch auf Speere stecken!

### Klein.

Um Euretwillen sind wir hier geblieben!
Es fiel schon Mancher auf der Straße um
In Ohnmacht von der grausen Noth des Hungers —!

### Tumult (der Menge, die sich in die Thür drängt).

Wir wollen Brod! Die Ratten sterben aus!
Gebt Durra uns! Wir hungern! Seht uns an!

### Gordon.

O Jammer! Arme Menschen! Gute Seelen!
Ich sterbe mit Euch — darum haltet aus!
O haltet aus um unsrer Ehre willen!

### Klein.

Ja, Ehre hab ich auch im Leib — doch weiter Nichts!
Es lebt der Mensch vom Brode nicht allein,
Ich weiß es ja —

### Nicola (kommt zurück).

Ich muß Euch sagen, Pascha,
Daß Faragh gänzlich unversöhnlich ist.
Er raset wie der Wüstensturm bei Nacht,
Er weint und weigert vor dir zu erscheinen.

### Hansal.

So laßt ihn sorglich hüten — nehmt ihn fest!
Wer weiß, was seine Wuth noch unternimmt,
Schon längst hat uns ein Brief vor ihm gewarnt —
Ich rathe, seid auf Eurer Hut, ich rathe —

### Gordon (steht sinnend, das Packet wendend).

Auf meiner Hut? Ich steh in Gottes Hut.
Nein, laßt ihn frei, ihn soll die Großmuth bessern.
That ich ihm Unrecht, wird er sich besinnen
Und wird es mir mit Edelmuth vergelten.
Und falls er wirklich schon Verrath geplant,
Jetzt geht er drin nicht weiter — glaubt's, ihr Herren —!
Das Westfort richt ich selber wieder auf,
Er soll mir helfen es in Stand zu setzen!
Aus Feinden müssen Freunde werden, glaubt mir.
Es rühre Niemand diesen Faragh an —
Ich hab ihn mir geweiht und mir geheiligt —!

### Hansal.

Sir, Niemand weiß, was zwischen Euch geschehn —
Ich bitte dennoch, habet Acht auf ihn.

### Gordon.

Das werd ich thun — indes auf meine Weise.
Wie steht's, ihr Herrn, wollt ihr die Stadt noch halten?

#### Klein.

Wir halten sie, weil du es willst, o Herr,
Wir halten sie, obwohl du uns getäuscht
Und wollen hungern, weil wir dich geliebt
Und du so treu uns wieder hast geliebt.

(Man hört schwere Kanonenschläge. Die Anwesenden Hansal, Nicola, Klein und die Andern ziehen sich wieder auf die Straße zurück. Man sieht sie draußen das Volk beruhigen.)

### Achter Auftritt.

**Gordon** steckt das Packet vorn in den Rock, setzt sich am Tische hin, öffnet den Brief des Mahdis und liest ihn. Seine Züge werden schwermüthiger und trauriger. Zuletzt stützt er den Kopf in die Hand und weint still. **Iphigenie** tritt auf. Sie geht langsam zu Gordon hin, sinkt vor ihm nieder und legt ihr Haupt in seinen Schooß. Dazwischen hört man wieder einzelne Kanonenschläge.

#### Gordon (streichelt Iphigeniens Haar).

Du weißt es schon, mein trautes Kind?

#### Iphigenie.

         Ich weiß es.
Ich hab nun Niemand mehr, als Dich hienieden.
Laß mich den Schatten Deines Schicksals sein!

#### Gordon.

Sie ruhen sanft! — Doch ich! wann werd ich ruhen?

(Er nimmt das Packet wieder von der Brust und entfaltet es.)

Ein altes Zeitungsblatt — ein englisch Blatt —
Der „Standard" — weg damit, das ist veraltet,
Darin steht doch Nichts, was noch frommen kann —

(Er knüllt die Zeitung zusammen, erhebt sich und geht ans Fenster. Iphigenie legt ihr Haupt auf seinen Sitz.)

Veraltet längst — und ich bin auch veraltet —!

(Er wirft das zusammengeknüllte Blatt zum Fenster hinaus).

Laßt sehn, was diese alten Briefe sagen!
(Oeffnet sie, zuckt mit den Achseln).
Ich soll nicht an den Kongo gehn; das glaub ich!
Es fordert die Regierung, daß ich nicht
Verlasse diesen Posten. Das ist gut.
Komödie der Irrungen — und Wahnsinn —
(Er setzt sich an den Tisch und stützt den Kopf von Neuem in die Hand.)
Sie schießen gut, die Araber — das kracht ja,
Als wollt es ganz den Erdenball zersprengen —
Und das — das hat gezündet —! Welch ein Brand —!
(Man sieht einen Feuerschein am Himmel aufflammen.)
Was stürzt Er so herein —? Was bringt der Mann —?

### Neunter Auftritt.

**Nicola** stürzt aufgeregt herein, er hält das zerknüllte Blatt in der Hand.

#### Nicola (außer sich).

Herr, dieses Blatt, dies Blatt, das Ihr hinauswarfst —
Ich wollt es schon als Tabakszünder brauchen —
Ach — leset doch — es bringt uns eine Nachricht,
Die aller Engel Jubelsänge aufrührt —!

#### Gordon (steht auf).

Was denn —!

#### Nicola (reicht ihm das Blatt).

Ich kann nicht reden — lest, o lest —!

#### Gordon (entfaltet und liest).

„Lord Wolseley steht schon zu Victoriahafen,
Sammt seinem Rettungsaufgebot, das Gordon
Befreien soll —"

Iphigenie (schreit auf, noch knieend).

**Befreien?!**

(Sie springt auf.)

Gordon (steht lange regungslos, sein Antlitz zeigt zuerst den Ausdruck höchster Freude; dann wird er trauriger und ernster; er sinkt endlich zusammen und flüstert).

Nein. Zu spät.
Ob er uns noch erreicht?! — Ich glaub es nicht.

Nicola (reißt ihm das Blatt aus der Hand, rennt nach der Thüre und ruft jubelnd hinaus).

Auf! Muth! Die Hilfe kommt! Hier steht die Nachricht!
Ein englisch Heer rückt wirklich jetzt heran!

Klein (draußen).

Ein Heer? Wer glaubt Euch das? Das ist nicht wahr!

Hansal (draußen, verhallend).

Ein zweites Mal kann Gordon nicht uns täuschen!

(Es fällt ein neuer schwerer Kanonenschlag. Man sieht es draußen aufblitzen wie vom Einschlagen einer Bombe. Die Leute draußen fahren entsetzt auseinander und auf dem Platze entsteht eine große Verwirrung.)


(Vorhang fällt.)

## Fünfter Aufzug.

Der Saal wie vorher. Nacht, gegen Morgen. Am Himmel draußen sieht man die Sterne blinken.

### Erster Auftritt.

**Faragh** und **Hagi** kommen mit Laternen.

#### Faragh.

Seid auf der Hut, bedeckt das Licht der Lampe —!
Denn draußen auf dem Thurme wacht noch immer
Der Pascha Gordon und durchspäht die Nacht, —
So that er's wochenlang, wenn Andre schliefen —
Der Morgen naht — Ihr müßt die Stadt verlassen —!

#### Hagi.

Habt Ihr zum Falle Alles vorbereitet?

#### Faragh.

Die Drähte schnitt ich ab, die den Palast
Verbinden mit den Thoren, die Ihr wähltet.
Man kann ihm keine Nachricht mehr verrathen.

#### Hagi.

Und wenn der Morgen tagt, so öffnet Ihr
Die Thore? Steht das fest?

#### Faragh.

     Es wird geschehn.
Im Guten wollte ich ihn erst verrathen,
Nun machte er zum Schelme mich im Bösen.

#### Hagi.

Es ist die höchste Zeit. Wir haben Nachricht,
Daß nahe schon die ersten Schiffe sind,
Die dieses Heer aus England auf uns hetzen.

#### Faragh.

Nur eines bitt ich —

#### Hagi.

    Nun, was giebt es noch?

#### Faragh.

Verschont den Mann —!

#### Hagi.

     Verschonen? Es ist aus.
Die Gnade des Propheten ist verloren,
Er hat zu lange Mord uns zugeschleudert —
Es sind gezählt die Tage seines Lebens —

#### Faragh.

Ihr wolltet —! Das ist wider den Vertrag!
Und wenn er mir die schlimmste Schande anthat,
Das wollt ich nicht — das hab ich nicht gewollt —!
Dann bleibt das Thor geschlossen, denn, bei Gott —!

#### Hagi.

Versucht's, dann ist es auch mit Euch zu Ende.
Die Drähte sind zerschnitten — es ist aus —
Ihr könnt nicht mehr zurück —

Faragh.

Und ohne Gnade?

Hagi.

Gnadenlos!

Faragh (nach einer Pause).

Nun denn! So mag das Schicksal
Zusammenbrechen über ihm! Ich bin
Der Eure. — Diese Qualen sind nun aus. —
Die Scheuer klafft entgegen seiner Ernte.
Löscht aus dies Licht! Hinweg! Ich höre kommen.

(Erfaßt rasch Hagis Laterne und löscht sie aus. Dann giebt er sie ihm zurück und drängt ihn fort. Hagi ab. Faragh stellt seine Laterne auf den Tisch.)

## Zweiter Auftritt.

**Gordon** tritt langsam von rechts ein. Er ist in voller Uniform als Generalgouverneur des Sudans. Sein Haar ist ganz weiß geworden.

Gordon.

Wie müde bin ich! — Diese langen Wachen —!
Und keine Hilfe späh ich aus. — Wer ist da —!
Wer steht im Dunklen dort — (leise,) als wär's der Tod,
Der nächtlich über frische Gräber steigt?!
Nennt Euch —!

Faragh.

Ich bin Dein Diener Faragh Pascha.

Gordon

Ihr seid's? Ich sah Euch lang nicht diese Tage —

Faragh.

Ich hatte Arbeit, hatte viel zu thun,

Ich mußte unsre Wälle neu armieren
Euch zu beweisen, daß Ihr mich verkannt.

### Gordon (tritt näher).

Nun, seht, das freut mich, daß Ihr da seid, Pascha.
Glaubt mir, das Gute siegt im Menschen doch.
Ich hab Euch weh gethan — reicht mir die Hand —
Ich hatte Unrecht — unser Schöpfer weiß,
Daß nur mein heißes Blut mich übermannte —
Reicht mir die Hand — wir wollen Freunde sein —!

### Faragh.

Ich? — Euch die Hand —?!

### Gordon.

     Es ist die reinste Hand,
Die jemals schlug ein Mitgeschöpf auf Erden!
Vergebt mir! So vergiebt uns selber Gott
Wie wir vergeben unsern Schuldigern.

### Faragh.

Herr, meine Hand ist werth nicht in die Eure
Gelegt zu werden. Diese Hand ist schwarz,
Schwarz wie die Nacht — und weiß ist Eure Hand —!

### Gordon

Und dennoch schlug Dich diese weiße Hand —!
Nun, Faragh, geh in Frieden, ziehe hin —
Wenn erst die Nacht verging und neu der Tag
Mit seinem schönen Sonnenlichte strahlt,
Dann haben wir uns selbst auch überwunden —!

### Faragh (mit erstickter Stimme).

Lebt wohl! Ich habe nichts mehr Euch zu sagen.

(Er geht mit seiner Laterne ab.)

### Dritter Auftritt.

**Gordon**, gleich darauf **Iphigenie**.

Ihr Sterne, wie Ihr hell und strahlend leuchtet —
Ihr fremden, unverstandnen Riesenwelten —
Wie klein ist all mein Leid und meine Hoffnung.
(er entzündet einen elektrischen Leuchtapparat mit Hohlspiegel und leuchtet ins Land hinaus.)

Dort glänzt der Nilstrom nun vom irb'schen Lichte,
Und doch! es naht kein Schiff — im Unsichtbaren
Verborgen schlummert immer noch die Hilfe.
(er löscht wieder aus.)

Ja, müde bin ich. Laßt uns Abschied nehmen.
(er setzt sich an den Tisch, zündet ein Licht an und schreibt, Iphigenie im schwarzen Kleide tritt langsam auf; sie trägt in den langherabwallenden schwarzen Schleier ein verwittertes Osirisbild, Aehren und Blumen eingeschlagen. Sie tritt leise hinter Gordon und sieht ihm über die Schulter beim Schreiben zu. Ihre Züge werden tief traurig.)

#### Iphigenie.
Das also mußt Du schreiben?:

#### Gordon (sieht zu ihr auf).
Ja, mein Mädchen.

#### Iphigenie (liest).
„Nun merkt, wenn die Rettungsexpedition, und ich verlange nur zweihundert Mann, in zehn Tagen nicht kommt, so muß die Stadt fallen, und ich habe mein Bestes gethan für die Ehre meines Landes. Lebt alle wohl. George Gordon."

Zehn Tage noch — und dann, dann ist es aus —
O wär es jetzt schon aus, mein Held, mein Vater —!

#### Gordon.
Ja, wär es aus. Mein Leben ward mir leid —

Es war ein wundersames Leben, Jungfrau —!
Was bringst Du mir — was brachtest Du so frühe —

   **Iphigenie** (das Bildniß aus dem Schleier nehmend.)

Ach, schlaflos wandle ich die Nächte durch —
Sieh, dieses Bild, man hat es hier gefunden
Im Vorhof des Palastes — uralt ist's —
Ein Bildniß des Osiris, sagten sie —

   **Gordon** (nimmt, betrachtet es nachdenklich.)

Ein Bildniß des Osiris — Welche Welt!
Jahrtausendalt — im Erdenschooß vergraben,
Ein Zeuge alten Glaubens, alter Tempel,
Vergangner Sclaverei, vergangner Hoffnung!
Und sieh! auf ihrem Schutte stehn nun wir,
Auch wir, wir werden eine neue Schicht,
Die auf den alten Trümmerschichten lagert —!

   **Iphigenie** (innig.)

Du weißt, das Korn, das viele tausend Jahre
Begraben bei den Mumien war, es blühte,
Da wir es fanden, wieder auf von Neuem.
Und sieh! ich pflanzte selbst ein solches Korn
In meines Zimmers stillen Blumengarten,
Als mir der Liebste in die Ferne zog —
Und hier, hier ist das Korn — ich bring es dir —
Damit du Trost und Hoffnung schöpfen mögest —!

(Sie enthüllt aus dem Schleier zwei Kornähren und ein paar Blumen. Er nimmt sie.)

   **Gordon.**

Du holde schwesterliche Freundin du,
Du meine Schicksalsschwester — Dank, o Dank —!

(Sie läßt sich vor ihm nieder. Er küßt sie gerührt auf die Stirn. Dann betrachtet er abwechselnd die Aehre und das Idol.)

Wie seltsam gingen meine Tage hin:

Als ich dereinst lag vor Sebastobol
Und Minen in die Gräben zog den Russen —
Wie anders war es dort, als es nun hier ist —!

### Iphigenie.

Dort keimte wohl zuerst dein Ruhmesbäumlein?

### Gordon.

Ach nein! Nicht Ruhm! Was ist der Ruhm der Erde!

### Iphigenie.

Und dann warst du in China Mandarin
Und überwandest die Propheten dort?

### Gordon.

Ja, Kind —

### Iphigenie.

Und dann?

### Gordon.

Dann saß ich still zu Gravesend
Und lehrte arme Jungen etwas werden
Und suchte unser häuslich Leid zu mildern.

### Iphigenie.

Dann aber gingst du fort?

### Gordon

Dann kam die Zeit
Wo ich von diesem alten Grunde hier,
Bis nach des Nilstroms Ursprungsseeen zog,
Wo ich bis Gondokoro aufwärts stieg
Und diesen schweren Kampf schlug der Befreiung.
Dann wieder heim. In China dann von Neuem,
Wo ich den Krieg mit Rußland selbst verhütet.

Und dann im Kapland! Frieden stiftend dort auch.
Wie ist die Welt so eng und klein geworden!
Dann seh ich zu Jerusalem mich wieder,
Wo ich manch menschlich Werk zu stärken suchte —
Und nun, nun sitz ich hier und bin gefangen!
Es ist die Welt ein weit Gefängnis unter
Grausamen Hütern und verlassen sitzen
In unsren Zellen wir und warten bange,
Ob uns Erlösung wird. — Nun sitz ich hier,
Uraltes Korn grünt mir in meiner Hand
Und eine Jungfrau weint mit mir um Theures —!
Spiel mir ein Lied — ein ernstes Lied wird wohl thun —

**Iphigenie** (erhebt sich und geht nach dem Pianino; sie legt traurig den Kopf in ihren Armen auf den Rand.)

**Gordon.**

Ich bitt dich, spiele, spiele, was ich liebe —

**Iphigenie** (setzt sich zögernd.)

Dein Lieblingslied — das wär ein ernstes Lied —!

(Sie beginnt die „Marcia funebre" aus Beethovens Heldensymphonie anzuschlagen und spielt die erste Hälfte. (op. 55). [Das Orchester kann hier diskret einsetzen.]

**Gordon** (hört erschüttert zu).

Des Helden Grabgesang und Trauermarsch!
Wie klingt im Morgendämmern an das Ohr,
Das nächtlich stillgewohnte, dieser Ton!
Ja, wer als solch ein Held vergehen könnte,
Wo breit der Nil uralte Trümmer fortspült!

(er beginnt lauschend die Aehre zu zerblättern, während sie weiter spielt..

Die Meilenzeiger unsrer Tage fliegen
Dahin und Kraft wird unserm Geist verliehn,
Für jedes Tages Last, wie wir sie brauchen.
Wer weiß, wie nahe ihm das Ende winkt,
Wie bald der Pilger wird im schönern Land sein!

Der Sand verrinnt durch Tag und Nacht zum Tage,
Du schüttle nicht das Glas — es rinnt von selbst,
Auch du hast eine Last zu leiden hier,
Wie Er, der litt —! Wie einsam war auch Er!

(Iphigenie bricht mitten im Spiele ab, bedeckt das Antlitz mit den Händen).

### Iphigenie.

Mein Bräutigam! O — er kehrt nimmer wieder!

Gordon (steht auf, tritt zu ihr, streichelt ihr Haar).

Ein Held auch Er! Es muß der Mensch ein Held sein!

(Sie ermannt sich und spielt weiter. Gordon steht aufrecht und hört wie verklärt, hingerissen den Tönen zu. Allmählig ist der Morgen angebrochen; es wird heller, gleichzeitig hört man ein fernes Getümmel, dumpfes Getöse, das näher und näher kommt. Gordon überhört es erst, allmählig wird er aufmerksam. Fernes Jammergeschrei entsteht. Man hört einen Schuß fallen. Iphigenie bricht erschrocken ab und springt auf).

## Vierter Auftritt.

**Mustafa** stürzt entsetzt zur Mittelthüre herein. **Vorige.**

### Mustafa.

Herr, rettet Euch! Verbergt Euch! Rettet Euch!
Die Stadt gefallen! Alles ist verloren!

### Gordon.

Verloren! Wie? Wie wäre das —!

### Mustafa.

Verloren!
Von allen Seiten strömt der Feind herein,
Die Thore sind geöffnet — Herr — entsetzlich —!
Sie morden wie die Schlächter des Gerichts.

Sie reißen auf die Gräber, schonen nicht
Des Moslems Grab und nicht das Grab der Weißen,
Die Leichen plündern sie — erschlagen Alles,
Was lebt und athmet —! Todt ist Konsul Hansal,
Sie übergossen ihn mit Weingeist, daß er brannte,
Todt ist Leondidi und Klein erschlagen,
Sie würgen Männer vor dem Blick der Frauen —
Es ist, als wär der jüngste Tag gekommen —

    Iphigenie (schlägt die Hände vor die Augen).

Mir graut —!

    Gordon (ist an den Telegraphenapparat geeilt).

Die Drähte sind entzwei — das ist Verrath —!
Und o — ich kenne, kenne den Verräther —!

    Mustafa (zu Iphigennie).

Verbergt Euch — zögert keinen Augenblick —
Verbergt Euch, Fräulein — Ihr seid ganz verloren!
Sie fangen alle Fraun und treiben sie
Zusammen wie die Schaafe in die Hürde —
Im Hof des Bet=el=Mal sind tausend schon
Von Töchtern, Müttern, Bräuten, jungen Fraun
Gepfercht zusammen, eng gedrängt, die Kleider
Mit Blut bespritzt von ihren todten Gatten —
Selbst die die Locken abgeschnitten haben
Und sich in Männerkleider stecken, fängt man,
Wo man sie findet — hier ist keine Hoffnung —
Sie werden alle ausgetheilt den Schlächtern —!

    Gordon (seinen Mantel holend).

Nehmt diesen Mantel — mummt Euch da hinein —
Den Turban — eilt — verkleidet Euch als Mann —
Und hier hinaus dann — bleibt hier in der Nähe —
Ich komme wieder — nun, ich will doch sehen —
Wo ist mein Stab — wo ist mein Bambusstab —

Revolver her —. (er sucht.) ich will doch sehn, ob ich
Nicht wie in alter Zeit hier wirken kann!

Mustafa (hilft Iphigenie).

Herr — Herr, wo wollt Ihr hin — was wollt Ihr thun —!
Die Straßen alle überschwemmt der Feind,
Sie suchen Euch —!

Gordon (hat seinen Bambusstab gefunden, er steckt den Revolver zu sich und faßt den Stab fest in die Hand).

Und ich, ich suche sie!
Und Aug in Auge will ich diesem Mahdi,
Wenn ich ihn finde, seine Schmach in's Antlitz
Verkünden, will mit diesem alten Stabe
Ihn Menschlichkeit und beßre Sitten lehren —
Daß ich aufhalte dieses wilde Metzeln
Und Alles Gute stachle auf in ihm,
Daß er sich selbst besinnt und menschlich werde —
Laßt mich — es treibt mich mein Verhängniß — laßt
mich —
Ich will ihn suchen — er soll Rede stehn —
(er faßt den Stab fester und schreitet so zur Mittelthüre hinaus und über den Platz weg, ab.)

Fünfter Auftritt.

**Iphigenie, Mustafa,** gleich darauf **Abdullahi** und ein Haufen von Foggara.

Iphigenie.

Den Turban — gebt den Turban —

Mustafa

Hier —

Iphigenie (sieht die Einbrechenden).

Zu spät!

### Abdullahi.

Ein Weib! Ein weißes Weib! Schleppt sie hinweg!
Und steckt sie zu den Andern in den Hof —!

### Die Foggara.

La illah! Sie ist schön! Hinweg mit ihr!

**Iphigenie** (wirft den Mantel wieder ab und tritt ihnen entgegen; sie weichen zurück).

Verschont ihr selbst nicht das Gewand der Trauer?
Verschont ihr nicht dies schwarze Kleid des Jammers?
Hier bin ich! Nur ein Weib und waffenlos.
Ich kann mir nicht einmal das Leben kürzen!

### Abdullahi.

Und warum trauerst Du?!

### Iphigenie.

     Um einen Helden
So groß und männlich, daß Ihr Alle nur
Die Nachtgeburt der Hölle seid dagegen.

### Abdullahi.

Ist Gordon todt?

### Iphigenie.

    Er lebt und er wird leben,
Doch traure ich schon um den Lebenden.
Ehrt dieses Kleid des schwarzen Jammers, ehrt es,
Daß ich den Helden frei beweinen mag —!

### Abdullahi.

Er lebt?! — So sucht ihn, sucht ihn den Verräther —!
Hinweg mit ihr, sperrt mit sie in den Hof,
Dort trauern viele Andre auch mit ihr.
Hier schlug die Stunde des Gerichts denn Allah

Will durch den Mahdi diese Welt zerstören,
Um eine neue, andre Welt zu bauen!
Der Schlund der Hölle klafft, stürzt sie hinab!
(Die Foggara bringen auf Iphigenie ein und einige schleppen sie nach links).

### Iphigenie.

O Himmel! Kannst Du diese Gräuel schauen!
Ich will nicht leben! Laßt mich sterben, sterben! (ab.)
(Man hört den tiefen Ton der Ombeia, der erst ferne, dann näher dröhnt.)

### Abdullahi

Der Mahdi naht, der Sieger, der Prophet!


### Sechster Auftritt.

Der **Mahdi**, umgeben von seinem Hofstaat, von rechts, darunter **Hagi** und ein **Arzt**. Alle knien bei seinem Auftreten nieder und werfen sich auf den Boden. Er segnet sie stumm.

### Der Mahdi.

Es ist mein Wille und des Höchsten Wille,
Daß nicht ein Stein soll auf dem andern bleiben
Von dieser Stadt des Trotzes und des Jammers.
Zerstört sie ganz, wenn ihr an Beute satt seid.
Tragt ab die Mauern und stürzt ein die Häuser,
Und wer noch lebt, soll Sclave sein und Sclavin.
Nachtschatten und die Dornen sollen wuchern,
Wo diese Eitelkeit der Weltlust stand,
Und aus dem Schutte sollen Disteln stechen,
Eidechsen aber mögen und die Schlangen
Um die Gebeine schlüpfen dieser Todten.
So rächet auch noch heut den Glauben Allah.

### Abdullahi (aufstehend).

Herr, nicht ein Stein soll auf dem andern bleiben.

#### Mahdi.

Wir aber wandeln auf den Höhn der Größe,
Und vor uns liegt ein großes Werk zu thun noch,
Ein Werk des Untergangs und der Zerstörung.
Sagt, wo ist jener kühne Mann, wo Gordon —?

#### Abdullahi.

Es heißt, er irre suchend durch die Stadt —!

#### Mahdi (erbleicht plötzlich und greift sich krampfhaft nach der Brust).

So lebt er noch —? Doch mir, mir wird — o qualvoll —!
(er sinkt in Ohnmacht. Hagi und Abdullahi halten ihn und lassen ihn
links vorn auf einem Divan nieder.)

#### Hagi.

Er sinkt in Ohnmacht — wieder dieser Herzkrampf!

#### Abdullahi.

Ein Arzt! Wie steht's mit ihm?!

#### Arzt (untersuchend, gedämpft).

Tief ist die Ohnmacht.
Er hat kein halbes Jahr mehr mitzuathmen,
Dann trägt auch dieses Herz nicht mehr die Last.
Sein heimlich schwelgerisches Leben, wißt ihr —!

#### Abdullahi (leise, rasch).

Bei Deinem Leben, schweige, Arzt! (zu den Andern) Vernehmt,
Soeben weilt bei Allah der Prophet,
Um neue Offenbarung zu empfangen,
Drum liegt sein Leib in dieser tiefen Ohnmacht.
(die Fagire beugen sich tiefer zur Erde.)

Hagi —

#### Hagi.

Du wünschest?!

Abdullahi.

     Wo ist Faragh Pascha?
Die Stadt, sie fiel nicht durch Verrath, verstehst Du?
Der Ruhm des Mahdis nahm sie ein mit Sturm
Durch Allahs und des Glaubens heil'gen Eifer —
Verstehst Du das?!

    Hagi.

     Chalifa, ich verstehe.

    Abdullahi.

Drum schaff ihn still bei Seite diesen Zeugen,
Der Etwas Anderes behaupten könnte. (Hagi neigt das Haupt.)
Doch wo ist Gordon? Sucht man ihn denn nicht?!
Er darf uns nicht entkommen — seht, da ist er —!


## Siebenter Auftritt.

**Gordon** erscheint, in der Linken den Revolver, in der Rechten den Bambusstab, und steht in der Mittelthüre. Alle Fagire springen auf und erheben ihre Lanzen. **Abdullahi** und Hagi verlassen den Mahdi und starren auf Gordon. Der Mahdi bleibt in tiefer Ohnmacht liegen.

    Abdullahi

Steh, Mann, Du rennst dem Tode in den Rachen!
Die Stadt ist unser und Du bist verloren!

    Gordon.

Und bin ich es — ich habe mich bereitet!
Ich fürchte eure blut'gen Speere nicht.
Scheusale, die Ihr seid! Ist das der Glaube,
Der neue, der die Welt erlösen soll?
Die Jungfrau selbst sah ich im Staube liegen,
Die meines Alters letzte Stütze war,
Und die der Gram geheiligt hat dem Schicksal —

Todt liegt sie auf der Straße — und nun weiß ich,
Daß Ihr ersticken werdet an Euch selbst!
Ihr seid die Hunde aus der Hölle nur,
Die Engeln bellend an die Beine fahren!

### Abdullahi.

Was willst Du denn allein, Du toller Mann?
Was stehst Du dort und bist doch ganz verlassen?

### Gordon.

Ich will Euch zeigen, wie ihr elend seid,
Und daß ihr in Zerknirschung solltet fallen,
Daß solche Werke sind durch euch geschehn!
Wie? Seid ihr Muselmänner? Seid ihr Menschen?
Ihr Alle habt verdient, daß dieses Rohr
Euch züchtigte mit scharfen Ruthenstreichen
Wie Knaben, die ihr Alphabet verlernt!
Und wahrlich! Gott vergiebt's euch noch. Denn siehe!
Sie wissen selbst nicht, was sie thun — die Armen.
Ja, Kinder seid ihr! Legt die Waffen nieder,
Seid Menschen — ja, ich will es euch gestehn,
Wir waren selbst zum guten Theile Schuld,
Daß es so kommen mußte. Werdet Männer
Und thut die Knabenstreiche ab —

### Abdullahi.

Ward das
Erhört? Ist dieser Mann des Schwertes Engel,
Der aus dem Paradies vertrieb den Adam?!
Laßt ihn nicht reden, sonst verdirbt er uns
Noch Alles — (er staunt wieder).

### Gordon (den Revolver hebend).

Und ich bin nicht wehrlos, seht! —
Nun aber macht ein Ende, denn ich bin
Des Lebens müde. Denkt, was ich gesagt.

Ich liebte euch, ich liebte eure Freiheit
Und wollte euch zu freien Menschen schaffen —
So habt ihr mir gelohnt! — Ich, ich bin müde. —
Und doch, doch schlägt mein Herz in Seligkeit.
Triumphe giebt's, (leiser) Triumphe unsres Herzens,
Die ewig sind und unvergänglich trösten —
Triumphe —

(ein Schuß fällt vom Platze her. Gordon greift nach der Brust. Er sinkt und kniet halb auf der Treppe. Die Foggara erheben ein wildes „La illah!" fällen die Speere und stürmen auf ihn. Man sieht ihn rückwärts die Treppe hinunterfallen, dann wird er durch die Nachdrängenden verdeckt.)

### Abdullahi.

So strafe nun auch den Verräther Allah!


### Achter Auftritt.

Von links treten **Uhrfelder, Katharina** und **Elisabeth** entsetzt auf.

### Elisabeth (unterdrückt).

Entsetzliches geschah —!

### Uhrfelder (leise).

Er ist dahin! (sie stehen vor Jammer erstarrt.)

### Der Mahdi (erwacht).

Welch ein Getöse weckt mich aus der Nacht,
In die ich tief versunken war — wie ist mir —?!

### Abdullahi.

Dein größter Feind sank in die Nacht zurück —
Dort liegt der Leichnam Gordons an den Stufen
Und soll zum Fraße für die Geier ruhen —!

Mahdi (erschüttert).

Der gute Pascha todt?!

Uhrfelder.

Und Alles war
Vergebens! Unser Sclavenjoch, wir müssen
Es tragen nun, ihr lieben Fraun, und Jammer
Ward aus der Hoffnung der Befreiung uns.

Elisabeth.

Vergebens Alles! Schwester, o wie hart!

Hagi (während eine große Bewegung entsteht)

Ein Schiff! — Ein andres Schiff —!

Uhrfelder (hinausblickend).

Was ist das! Sehet —
Ein englisch Schiff! Und noch ein andres Boot —
Dort naht es auf dem Nil — das ist die Hilfe —!

Mahdi (erhebt sich).

Empfangt mit einem Hagel sie von Kugeln!

Uhrfelder.

Die Hilfe! Seht — sie kehren um! Zu spät!
Sie kehren um, sie schwinden — es ist aus —!

Katharina (bricht schmerzvoll zusammen).

Nun ist die letzte Hoffnung uns verloren!

Uhrfelder.

Und wenn die letzte Hoffnung uns entschwand,
Wenn wir dies Joch nun bis an's Ende tragen,
Und wenn hier Alles brach in Schutt zusammen,

Da diese letzte Säule uns zerbarst:
Eins tröstet mich, Eins muß euch, Frauen, trösten:
Es gab solch einen Menschen in der Welt,
Es lebte solch ein Mann in unsren Tagen
Und solche Lebensschönheit war kein Traum.
Die Welt wird älter, doch die Helden auch
Sie werden hehrer mit den späten Tagen
Der Menschheit — ja, die Helden werden größer —!


(Vorhang fällt.)